LER E ESCREVER

estratégias de produção textual

Conselho Acadêmico
Ataliba Teixeira de Castilho
Carlos Eduardo Lins da Silva
Carlos Fico
Jaime Cordeiro
José Luiz Fiorin
Magda Soares
Tania Regina de Luca

Proibida a reprodução total ou parcial em qualquer mídia
sem a autorização escrita da editora.
Os infratores estão sujeitos às penas da lei.

A Editora não é responsável pelo conteúdo deste livro.
As Autoras conhecem os fatos narrados, pelos quais são responsáveis,
assim como se responsabilizam pelos juízos emitidos.

Consulte nosso catálogo completo e últimos lançamentos em **www.editoracontexto.com.br**.

Ingedore Villaça Koch
Vanda Maria Elias

LER E ESCREVER

estratégias de produção textual

Copyright © 2009 das Autoras

Todos os direitos desta edição reservados à
Editora Contexto (Editora Pinsky Ltda.)

Imagem da capa
Waldomiro Sant'Anna, *Garota escrevendo*, 2008 (óleo sobre tela), produzido pelo artista especialmente para ilustrar a capa deste livro.

Montagem de capa e diagramação
Gustavo S. Vilas Boas

Preparação de textos
Lilian Aquino

Revisão
Daniela Marini Iwamoto

Dados Internacionais de Catalogação na Publicação (CIP)
(Câmara Brasileira do Livro, SP, Brasil)

Koch, Ingedore Villaça
Ler e escrever : estratégias de produção textual / Ingedore Villaça Koch, Vanda Maria Elias. 2. ed., 9ª reimpressão. – São Paulo : Contexto, 2025.

ISBN 978-85-7244-423-1

1. Escrita 2. Leitura 3. Textos I. Elias, Vanda Maria. II. Título.

08-11790   CDD-370.14

Índice para catálogo sistemático:
1. Leitura e escrita : Educação 370.14

2025

EDITORA CONTEXTO
Diretor editorial: *Jaime Pinsky*

Rua Dr. José Elias, 520 – Alto da Lapa
05083-030 – São Paulo – SP
PABX: (11) 3832 5838
contato@editoracontexto.com.br
www.editoracontexto.com.br

Sumário

Introdução 9

1 Fala e escrita 13
   Fala e escrita: duas modalidades em um *continuum* 13
   Características da linguagem falada e da linguagem escrita 16
   Marcas de oralidade na escrita 18
      Questão da referência 19
      Repetições 22
      Uso de organizadores textuais continuadores típicos da fala:
      e, *aí*, *daí*, *então*, *(d)aí então*, etc. 23
      Justaposição de enunciados, sem qualquer marca de conexão explícita.. 25
      Discurso direto 27
      Segmentação gráfica 28

2 Escrita e interação 31
   O que é escrita? 31
      Escrita: foco na língua 32
      Escrita: foco no escritor 33
      Escrita: foco na interação 34
   Escrita e ativação de conhecimentos 37
      Conhecimento linguístico 37
      Conhecimento enciclopédico 41
      Conhecimento de textos 43
      Conhecimentos interacionais 44

3 Escrita e práticas comunicativas 53
   Gêneros textuais: o que são? Para que servem?................................. 53
   Gêneros textuais em perspectiva atual 56
   Gêneros textuais: composição, conteúdo e estilo 59
   Sequências textuais 62

4 Escrita e contextualização 75
   Do cotexto ao contexto sociocognitivo: breves considerações......... 78
   Funções do contexto 84
   Fatores de contextualização 88
   Focalização 94

5 Escrita e intertextualidade 101
   Intertextualidade: definição 101
   Modos de constituição da intertextualidade...................................... 108
   Intertextualidade e gêneros textuais 118
   Intertextualidade e coerência 120
   Intertextualidade no ensino da produção escrita 125

6 Escrita e progressão referencial 131
   Referenciação: uma atividade discursiva 131
   Formas de introdução de referentes no modelo textual 134
   Anáforas indiretas 136
   Formas de progressão referencial 137
   Cadeias referenciais.. 144
   Funções das expressões nominais 148
      Organização do texto,
      quer no nível micro, quer no nível macroestrutural............................. 148
      Recategorização de referentes 149
      Explicação de termos por meio de sinonímia e hiperonímia,
      bem como definição de termos que se pressupõem
      desconhecidos do leitor... 150
      Sumarização/encapsulamento de segmentos textuais
      antecedentes ou subsequentes, por meio de rotulação 152
      Orientação argumentativa do texto... 154
   Referenciação e ensino 155

7 Escrita e progressão sequencial 159
   Repetição 161
   Paralelismo 164
   Parafraseamento 168
   Recursos de ordem fonológica 171
   Recorrência de tempos verbais 173
   Manutenção temática 176
   Progressão tema-rema 178
   Progressão tópica 183
   Encadeamentos 186

8 Escrita e coerência 191
   Concepção de coerência 191
   Coerência e distribuição da informação no texto: o explícito e o implícito .. 206
   Recursos de economia e elegância na construção textual 208
   Coerência e ensino 211

   Bibliografia 215

Introdução

O objetivo deste livro é apresentar, de forma simples e didática, as principais estratégias à disposição dos produtores de textos no momento da escrita. Trata-se de uma atividade regida pelo princípio da interação e, como tal, requer a mobilização de conhecimentos referentes à língua, a textos, a coisas do mundo e a situações de comunicação.

Composta por oito capítulos, a obra apresenta um conjunto de exemplos comentados, com a finalidade de demonstrar a aplicação dos conceitos teóricos abordados, favorecendo a sua compreensão. Trabalha-se com textos de diversos gêneros, inclusive muitas produções de alunos de séries distintas, procurando ressaltar as peculiaridades de cada um deles, bem como aquilo que é comum a toda e qualquer manifestação da linguagem verbal e, portanto, a todo ato de produção escrita.

Espera-se, assim, preencher uma lacuna no mercado editorial, no qual têm predominado as obras teóricas sobre a questão, ou, então, os livros didáticos. Nossa preocupação é a de estabelecer uma ponte entre teorias sobre texto e escrita e práticas de ensino. Por esse motivo, são nossos interlocutores privilegiados os professores dos vários níveis de ensino, em especial os de línguas – materna e estrangeiras –, estudantes dos cursos de Letras, de Pedagogia, bem como todos os interessados em questões de produção escrita, ensino e funcionamento da linguagem de modo geral.

* * *

À luz de uma concepção sociocognitiva e interacional da linguagem, o texto é visto como o próprio lugar da interação verbal e os interlocutores, como sujeitos ativos, empenhados dialogicamente na produção de sentidos. Entende-se, pois, a produção de linguagem como uma atividade interativa altamente complexa, em que a construção de sentidos se realiza, evidentemente, com base nos elementos linguísticos selecionados pelos enunciadores e na sua forma de organização, mas que requer, por parte destes, não apenas a mobilização de um vasto conjunto de saberes de ordem sociocognitiva, cultural, histórica, de todo o contexto, enfim, como também – e sobretudo – a sua reconstrução no momento da interação.

Desta forma, os coenunciadores são, na verdade, "estrategistas da comunicação", visto que precisam ser capazes de mobilizar, de forma estratégica, o contexto sociocognitivo apropriado para possibilitar-lhes, no momento da interação verbal, a construção de um sentido para o texto. Por essa razão, o processamento estratégico do texto depende não só de características textuais, como também de características cognitivas dos usuários da língua, tais como seus objetivos, convicções e conhecimento de mundo.

Todo processo de compreensão pressupõe, assim, atividades do ouvinte/leitor, de modo que se caracteriza como um processo ativo e contínuo de construção – e não apenas de reconstrução –, no qual as unidades de sentido ativadas a partir do texto se conectam, por meio de inferências, a elementos suplementares de conhecimento extraídos de um modelo sociocognitivo, também ativado em sua memória. Portanto, por ocasião da produção de um texto, quem escreve já prevê essa produção de inferências por parte do leitor, de modo que deixa de explicitar um grande número de elementos, pressupondo que tais lacunas venham a ser por ele preenchidas sem dificuldades, tomando como ponto de partida as pistas que o texto lhe oferece e com base no conjunto de seus conhecimentos prévios e nos elementos da própria situação enunciativa.

Queremos aqui expressar nossos agradecimentos à Editora Contexto, por mais uma vez apoiar um projeto nosso, bem como aos nossos amiguinhos que nos ofereceram seus textos para servir de exemplificação, particularmente ao nosso "coautor", João Marcelo da Silva Elias, que muitas vezes se prontificou a produzir textos especialmente para esse fim.

As autoras

1
Fala e escrita

Fala e escrita: duas modalidades em um *continuum*

O texto é um evento sociocomunicativo, que ganha existência dentro de um processo interacional. Todo texto é resultado de uma coprodução entre interlocutores: o que distingue o texto escrito do falado é a forma como tal coprodução se realiza.

No **texto escrito**, a coprodução se resume à consideração daquele para quem se escreve, não havendo participação direta e ativa deste na elaboração linguística do texto, em função do distanciamento entre escritor e leitor. Nele, a dialogicidade constitui-se numa relação 'ideal', em que o escritor leva em conta a perspectiva do leitor, ou seja, dialoga com determinado (tipo de) leitor, cujas respostas e reações ele prevê.

Dessa forma, no caso do texto escrito, ao contrário do que acontece com o texto falado, contexto de produção e contexto de recepção, de maneira geral, não coincidem nem em termos de tempo, nem de espaço, já que escritor e leitor normalmente não se encontram copresentes. Por isso, o produtor do texto tem mais tempo para o planejamento, a execução mais cuidadosa do texto e a revisão, a 'copidescagem', sempre que for o caso.

O **texto falado**, por sua vez, emerge no próprio momento da interação. Como se costuma dizer, ele é o seu próprio rascunho. Por estarem os interlocutores copresentes, ocorre uma interlocução ativa, que implica um processo de coautoria, refletido na materialidade linguística por marcas da produção verbal conjunta. Por isso, a linguagem falada difere em muitos pontos da escrita: a) pelo próprio fato de ser falada; b) devido às contingências de sua formulação.

Fala e escrita são, portanto, duas modalidades da língua. Assim, embora se utilizem do mesmo sistema linguístico, cada uma delas possui características próprias. Ou seja, a escrita não constitui mera transcrição da fala, como muitas vezes se pensa.

> O turno de fala é a contribuição de um locutor dada em certo momento da conversação; essa noção equivale, então, àquilo que, no teatro, se denomina de réplicas.
> Os turnos de fala de diferentes locutores se encadeiam segundo um sistema de alternância. Em análise conversacional, o turno de fala constitui a unidade essencial da organização das produções orais dialogadas.
> CHARAUDEAU, Patrick; MAINGUENEAU, Dominique. *Dicionário de análise do discurso*. São Paulo: Contexto, 2004.

Cabe levar em conta, porém, que na situação face a face também podem ocorrer textos nos quais as interações apresentam um grau de coprodução bem menor. É o que ocorre, por exemplo, quando, num contato que envolve dois interlocutores, um deles domina ou monopoliza totalmente o **turno**, discorrendo sobre um tema para o qual ambos voltam a sua atenção.

É preciso, portanto, salientar diferenças de grau de manifestação da coprodução discursiva: em textos mais informais, como a conversação face a face, a coprodução se manifesta em grau máximo, ao contrário do que acontece em situações formais, como palestras, conferências, discursos públicos.

Isso não significa, porém, que fala e escrita devam ser vistas de forma dicotômica, estanque, como era comum até há algum tempo e, por vezes, como acontece ainda hoje. Vem-se postulando que os diversos tipos de práticas sociais de produção textual situam-se ao longo de um contínuo tipológico, em cujas extremidades estariam, de um lado, a escrita formal e, de outro, a conversação espontânea, coloquial. Escreve MARCUSCHI (1995: 13): "As diferenças entre fala e escrita se dão dentro do *continuum tipológico* das práticas sociais e não na relação dicotômica de dois polos opostos."

Para situar as diversas produções textuais ao longo desse contínuo, pode-se levar em conta, além do critério do meio, oral ou escrito, o critério da proximidade/distância (física, social, etc.), bem como o envolvimento maior ou menor dos interlocutores.

Assim, num dos polos estaria situada a conversação face a face, no outro, a escrita formal, como os textos acadêmicos, por exemplo. O que se verifica, porém, é que existem textos escritos que se situam, no contínuo, mais próximos ao polo da fala conversacional como, por exemplo, bilhetes, cartas familiares, textos publicitários e textos de humor como o apresentado a seguir:

> BUEMBA! BUEMBA! Macaco Simão Urgente! O esculhambador-geral da República! Direto do País da Piada Pronta! Vocês viram o prefixo do avião que derrapou em Congonhas? PT-PAC! O PAC não decolou. Pior, o PAC derrapou, ficou pendurado e bateu no logo da Infraero! Era o Lula pilotando! Agora PAC quer dizer "Pra Avoar em Congonhas"! O PAC fez POC! E um amigo meu acabou de chegar de Lisboa e sabe como é restaurante a quilo em Portugal? Eles pesam o cliente na entrada e na saída! [...]
> E corre na internet como é o capitalismo em diversos países. Capitalismo americano: você tem duas vacas, invade a fazenda do vizinho, toma as vacas dele e alega que o vizinho era terrorista e planejava explodir as vacas. Vaca bomba! Capitalismo holandês: você tem duas vacas, elas se amam, e você não tem preconceito nenhum com isso! Vacas sapas! Capitalismo chinês: você tem duas vacas, mas na verdade são dois dálmatas falsificados. E o capitalismo argentino: você tem duas vacas, a sua .... e a sua ....! Desculpe, essa foi sem querer. Sem querer, querendo. Estranha compulsão. E o capitalismo brasileiro: você tem duas vacas, o governo cria o IPV, Imposto sobre Propriedade de Vaca, você não tem grana pra pagar, aí aparece o fiscal, você dá as vacas como suborno e fica tudo por isso mesmo. Capitalismo avacalhado! É mole? É mole, mas sobe! Ou, como diz o outro: é mole, mas trisca pra ver o que acontece!

Fonte: SIMÃO, José. *Folha de S.Paulo*, 5 set. 2008.

Da mesma forma que muitos textos escritos se situam próximos ao polo da fala, também existem muitos textos falados que mais se aproximam do polo da escrita formal (conferências, entrevistas profissionais para altos cargos administrativos e outros), havendo, ainda, tipos mistos, além de muitos outros **intermediários**.

> Um tratamento mais aprofundado da questão encontra-se na obra *Da fala para a escrita: atividades de retextualização* (MARCUSCHI, 2001).

Características da linguagem falada e da linguagem escrita

Com base na visão dicotômica citada anteriormente, estabeleceram-se, durante muito tempo, diferenças entre fala e escrita, entre as quais as mais frequentemente mencionadas são as seguintes:

FALA	ESCRITA
contextualizada	descontextualizada
implícita	explícita
redundante	condensada
não planejada	planejada
predominância do *modus pragmático*	predominância do *modus sintático*
fragmentada	não fragmentada
incompleta	completa
pouco elaborada	elaborada
pouca densidade informacional	densidade informacional
predominância de frases curtas, simples ou coordenadas	predominância de frases complexas, com subordinação abundante
pequena frequência de passivas	emprego frequente de passivas
poucas nominalizações	abundância de nominalizações
menor densidade lexical	maior densidade lexical

Na realidade, porém, o que ocorre é que:

- nem todas essas características são exclusivas de uma ou outra das duas modalidades;
- tais características foram sempre estabelecidas tendo por parâmetro o ideal da escrita (isto é, costumava-se olhar a língua falada através das lentes de uma gramática projetada para a escrita), o que levou a uma visão preconceituosa da fala (descontínua, pouco organizada, rudimentar, sem qualquer planejamento), que chegou a ser comparada à linguagem rústica das sociedades primitivas ou à das crianças em fase de aquisição de linguagem.

É evidente, contudo, que a fala possui características próprias, entre as quais as que apresentamos a seguir:

- é relativamente não-planejável de antemão, o que decorre de sua natureza altamente interacional; isto é, ela necessita ser *localmente*

planejada, ou seja, planejada e replanejada a cada novo lance do jogo da linguagem;
- o texto falado apresenta-se *em se fazendo,* isto é, em sua própria gênese, tendendo, pois, a pôr a nu o próprio processo da sua construção. Em outras palavras, ao contrário do que acontece com o texto escrito, em cuja elaboração o produtor tem maior tempo de planejamento, podendo fazer rascunhos, proceder a revisões e correções, modificar o plano previamente traçado, no texto falado planejamento e verbalização ocorrem simultaneamente, porque ele emerge no próprio momento da interação.
- o fluxo discursivo apresenta descontinuidades frequentes, determinadas por uma série de fatores de ordem cognitivo-interacional, as quais têm, portanto, justificativas pragmáticas de relevância;
- o texto falado apresenta uma sintaxe característica, sem, contudo, deixar de ter como pano de fundo a sintaxe geral da língua;
- a escrita é o resultado de um processo, portanto estática, ao passo que a fala **é** processo, portanto, dinâmica. Halliday (1985: 74) capta bem essa diferença, utilizando a metáfora do quadro e do filme. Para o leitor, o texto se apresenta de forma sinóptica: ele existe, estampado numa página – por trás dele vê-se um quadro. Já no caso do ouvinte, o texto o atinge de forma dinâmica, coreográfica: ele *acontece,* viajando através do ar – por trás dele é como se existisse não um quadro, mas um filme.

Além disso, conforme já frisamos, em situações de interação face a face, o locutor que, em dado momento, detém a palavra, não é o único responsável pela produção do seu discurso. Em se tratando de uma atividade de coprodução discursiva, os interlocutores estão juntamente empenhados na produção do texto: eles não só procuram ser cooperativos, como também conegociam, coargumentam (Marcuschi, 1986), a tal ponto que não teria sentido analisar separadamente as produções de cada interlocutor.

Por fim, como é a interação (imediata) que importa, ocorrem pressões de ordem pragmática que se sobrepõem, muitas vezes, às exigências da sintaxe. São elas que, em muitos casos, obrigam o locutor a sacrificar a sintaxe em prol das necessidades da interação, fato que se traduz pela presença, no texto falado, não só de **falsos começos**, **truncamentos**,

correções, **hesitações**, mas também de **inserções**, **repetições** e **paráfrases**, que não devem ser vistas como 'defeitos', já que têm, frequentemente, funções cognitivo-interacionais de grande relevância:

- ganhar tempo para o planejamento ou para a compreensão por parte do interlocutor (pausas, hesitações, repetições);
- apresentar esclarecimentos, exemplificações, atenuações do que foi dito, reforçá-lo, etc. (inserções, repetições, parafraseamentos), entre outras.

Assim sendo, o texto falado não é absolutamente caótico, desestruturado, rudimentar. Ao contrário, ele tem uma estruturação que lhe é própria, ditada pelas circunstâncias sociocognitivas de sua produção e é à luz desta que deve ser descrito e avaliado.

Marcas de oralidade na escrita

Ora, a criança, quando chega à escola, já domina a língua falada. Ao entrar em contato com a escrita, precisa adequar-se às exigências desta, o que não é tarefa fácil. É por essa razão que seus textos se apresentam eivados de marcas da oralidade, que, aos poucos, deverão ser eliminadas.

Na fase inicial de aquisição da escrita, a criança transpõe para o texto escrito os procedimentos que está habituada a usar em sua fala. Isto é, continua a empregar em suas produções os recursos próprios da língua falada. Somente com o tempo e com a intervenção contínua e paciente do professor é que vai construir seu modelo de texto escrito.

Cabe, pois, ao professor conscientizar o aluno das peculiaridades da situação de produção escrita e das exigências e recursos que lhe são próprios. Isto é, quando da aquisição da escrita, a criança necessita ir, aos poucos, conscientizando-se dos recursos que são prototípicos da oralidade e perceber que, por vezes, não são adequados ao texto escrito. É claro que isso não acontece de um momento para outro, levando, por vezes, anos a fio.

Passemos a examinar algumas das **principais marcas de oralidade que a criança imprime ao texto escrito**, não apenas na fase de aquisição, mas, por vezes, ainda por um tempo relativamente longo, já que continua usando as mesmas estratégias de construção e os mesmos recursos de linguagem que utiliza na interação face a face.

Questão da referência

Na oralidade, é comum serem os referentes recuperáveis na própria situação discursiva: basta, assim, apontar para eles, dirigir o olhar ou fazer um gesto qualquer em sua direção. Os interlocutores compartilham, em geral, não só uma vasta gama de conhecimentos relativos à situação comunicativa, como também acerca do estado de coisas de que estão falando. Uma excelente exemplificação do que acabamos de dizer é o texto a seguir:

A vaguidão específica

"As mulheres têm uma maneira de falar que eu chamo de vago-específica."
-Richard Gehman-

– Maria, ponha isso lá fora em qualquer parte.
– Junto com as outras?
– Não ponha junto com as outras, não. Senão pode vir alguém e querer fazer coisa com elas. Ponha no lugar do outro dia.
– Sim senhora. Olha, o homem está aí.
– Aquele de quando choveu?
– Não, o que a senhora foi lá e falou com ele no domingo.
– Que é que você disse a ele?
– Eu disse pra ele continuar.
– Ele já começou?
– Acho que já. Eu disse que podia principiar por onde quisesses.
– É bom?
– Mais ou menos. O outro parece mais capaz.
– Você trouxe tudo pra cima?
– Não senhora, só trouxe as coisas. O resto não trouxe porque a senhora recomendou para deixar até a véspera.
– Mas traga, traga. Na ocasião nós descemos tudo de novo. É melhor, senão atravanca a entrada e ele reclama como na outra noite.
– Está bem, vou ver como.

Fonte: FERNANDES, Millôr. A vaguidão específica. Revista *O Cruzeiro*, 1956.

Com o propósito de "demonstrar" que as mulheres têm uma forma de falar vago-específica, Millôr Fernandes "simula" uma conversa de duas pessoas marcada pela não-explicitação de muitos referentes.

Só para ilustrar, o primeiro enunciado

> Maria, ponha isso lá fora em qualquer parte.

faz com que nos perguntemos: **isso** o quê? **lá fora** onde?

Em uma outra situação que não a "encenada" pelo autor em face do seu projeto de dizer, é muito comum em conversas cotidianas produzirmos enunciados semelhantes. Isso se justifica, em parte, porque na fala podemos simplesmente apontar para aquilo a que nos referimos se o referente se encontra perto de nós ou pode facilmente ser identificado, considerando quem diz, para quem se diz, quando e onde se diz; em parte, porque os interlocutores em questão possuem um histórico interacional que torna desnecessária a explicitação de informações compartilhadas.

É o que observamos no texto do Millôr em enunciados como:

Junto com as outras?

Ponha no lugar do outro dia.

– Sim senhora. Olha, o homem está aí.

– Mas traga, traga. Na ocasião nós descemos tudo de novo. É melhor, senão atravanca a entrada e ele reclama como na outra noite.

Em relação à importância da contextualização para o entendimento do que está sendo dito, Gumperz (2002) afirma que há pistas linguísticas e extralinguísticas e que estas se encontram no cenário e no conhecimento que os participantes têm sobre o que aconteceu antes da interação. Daí o uso de formas referenciais cujos referentes são depreendidos da situação comunicativa ou do conhecimento partilhado com o interlocutor.

Por isso, no texto escrito daqueles que estão se iniciando na prática da escrita, quando do emprego de elementos anafóricos (aqueles que remetem a outros elementos do texto) e dêiticos (os que apontam para elementos do contexto), é comum a ausência de referente textual, bem como o uso ambíguo de formas anafóricas como *ele, ela*. No texto a seguir, destacamos o uso ambíguo do pronome *ele*, cujo referente na história pode ser "o rato" ou "o dono da casa" onde o rato estabeleceu morada.

Caça ao rato

Em uma casa as 0:00 da noite um rato começa a atacar o queijo, de repente o dono da casa acordou e começou a tentar matar o rato mas não conseguiu.
Na noite seguinte o rato voltou, mas ele tinha deixado várias ratueiras o rato já sabia disso, por isso ele fez outra casa para ele do outro lado de parede. De novo ele acordou o dono da casa e na noite seguinte ele colocou dos dois lados as ratueiras.
Ele já sabia e fez outra casa no canto da parede e o dono acordou de novo e na noite seguinte ele comprou um gato na primeira noite o gato ficou amigo do rato e ele não quis caçar o rato mas na noite seguinte o gato descobriu que o rato só queria amizade para ele não comer ele por isso acabou a amizade e o rato fugiu para outra casa.

Fonte: Lígia Bortolato Elias, 2ª série, Escola Ativa.

Repetições

No texto falado, **a repetição** ocorre com extrema frequência, podendo mesmo ser considerada um dos mecanismos organizadores dessa modalidade textual; em ambas as modalidades, ela constitui, muitas vezes, um recurso retórico, desempenhando funções didáticas, argumentativas, enfáticas, etc.

Em textos de crianças em fase de aquisição da escrita, são comuns as repetições, não só aquelas que poderiam ser eliminadas no texto escrito, como também as repetições resultantes do emprego da estratégia que se poderia denominar informalmente "estratégia da água mole em pedra dura" (Koch, 1992, 1997). É o que observamos nas sequências destacadas do **texto 1** e, de modo enfático, em quase todas as passagens do **texto 2**.

Texto 1

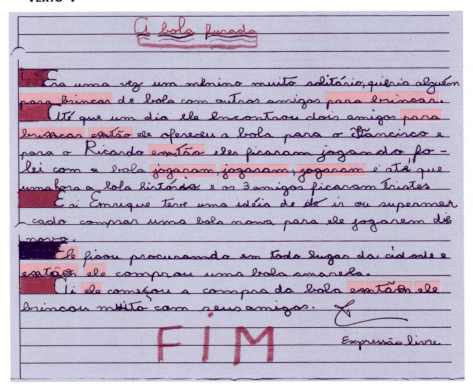

Fonte: Teodoro Bava Moreira, 2ª série, Colégio Madre Alix.

Texto 2

A história do *Era uma vez*

O *Era uma vez* já contou muitas, muitas, muitas histórias. O coitado já trabalhou em todos os Contos de Fada existentes no mundo. É *Era uma vez* para lá, *Era uma vez* para cá, nestes contos só se ouve *Era uma vez, Era uma vez, Era uma vez* e ele só se cansa, se cansa, se cansa...
O pior de tudo isso é que ninguém, ninguém mesmo, nunca se deu o trabalho de contar a história de quem tantas delas já contou. Quando eu digo tantas, são tantas, tantas, tantas MESMO. Por esse motivo aí, é que eu resolvi homenagear o *Era uma vez* e vou contar sua história:
O *Era uma vez* nasceu há muito, muito, muito tempo atrás, nos Contos de Fada.
Desde lá já trabalhou em contos muito famosos, como CINDERELA, PETER PAN, BELA ADORMECIDA, RAPUNZEL e tantos outros que se eu fosse contar levaria horas, horas e horas. Ele é casado com a *Viveram felizes para sempre* e tem um filho, o *Numa tarde chuvosa*. Ele vive muito bem com a família na cidade de Palavreado no país da Fantasia.
Para fechar o texto, achei ótima ideia entrevistar o *Era uma vez*:
– *Era uma vez*, você poderia contar o que você acha da sua vida?
– É claro que eu conto!
– *Era uma vez*, o *Era uma vez*, eu vivo minha vida dizendo muitos *Era uma vez* por muitas histórias e gosto muito, muito, muito disto.
E o era uma vez e sua família, assim tão diferentes e tão iguais, *Viveram felizes para sempre*. Viveram não. Vivem.

Fonte: João Marcelo da Silva Elias, 4ª série, Colégio Madre Alix.

Uso de organizadores textuais continuadores típicos da fala: *e, aí, daí, então, (d)aí então*, etc.

Os textos escritos por crianças ou para crianças são ricos em organizadores textuais típicos da oralidade, como **e**, **aí**, **daí**, **aí então**, etc., conforme nos revelam os exemplos que apresentamos a seguir.

Texto 1

E Pedro estava outra vez naquele lugar bonito e pensou numa cachoeira. E pensou que aquele era um lugar muito bom e que ele queria ficar lá para sempre.
Mas aí ele se lembrou da sua mãe e deu uma saudade...
Mas ele continuou a pensar... E era tão bom pensar...
E ele pensou de novo:
"Eu queria ficar aqui para sempre...".

Fonte: ROCHA, Ruth. *Um cantinho só para mim*. Ilustrações de Ziraldo. São Paulo: Melhoramentos, 2005, p. 26.

Texto 2

O Negro

Num dia muito ensolarado do mês de julho, todos estavam de férias, menos Rafael que era um negro muito pobre que já estava procurando emprego a muito tempo... Mas não adiantava todos os donos de lojas ou empresas não aceitavam ele porque tinham preconceito.

Mas um dia ele teve uma idéia, vender utensílios domésticos em uma carroça. Ele então começou a montar a sua carroça. Cortou uma árvore e montou uma bela carroça.

Então ele começou a trabalhar, no começo ele vendeu pouco mas depois ele lucrou bastante!

Agora Rafael não era mais tão pobre ele até se mudou para uma casinha muito aconchegante.

A auto-estima de Rafael melhorou muito agora que ele vende na carroça utensílios domésticos. Ele não sai da casa dele nem para ir morar num palácio.

Fonte: Fábio Moscatelli Gallotti, 4ª série, Colégio Madre Alix.

Justaposição de enunciados, sem qualquer marca de conexão explícita

É bastante comum em textos de crianças a produção de enunciados justapostos, sem marcas de conexão explícita, sem elementos de ligação ou de transição entre as ideias e, frequentemente, sem qualquer sinal de pontuação. No texto a seguir, destacamos, **enunciados sem ligação explícita** ou **enunciados sem sinal de pontuação**.

Vejamos:

> Férias em Cajuru!!!
>
> Em uma cidade chamada Cajuru perto de Ribeirão Preto, eu tenho uma família a tia do meu pai mora lá, ela tem 6 filhos 3 deles tem filhos da minha idade que brincam comigo e com a minha irmã a mais nova chama Ana Maria, depois vem a, Maria Eugênia, depois o João Marcelo, depois a Laura e por último o João Francisco.
>
> O Tio Geninho tem 2 papelarias a de cima e a de baixo. Eu comprei meu material lá na papelaria de cima lá em Cajuru pode anda apé, lá perto da casa das minhas primas tem uma sorveteria ótima eu acho que é a melhor sorveteria do mundo na minha cabeça, ela chama Sorveteria do Zé.
>
> As minha primas a Mara e a Aninha te uma babá a Lala ela é muita legal.
>
> Teve um dia que ela passou sabão e agua e agente escorregou e o meu primo João Marcelo ele mora em São Paulo, mas ele foi passar as férias lá também foi legal. Bom agente alugou um filme agente assistiu primeira passeia na Trailer é muito engraçado eu durmi na metade depois a minha prima mais nova a Aninha quis assisti Xuta.
>
> As minhas férias foram D+++++++++ eu adorei. Eu voutei para a casa da minha avó com meu tio Pedrinho o dia seguinte demorou muito porque era a PRIMEIRO DIA DE AULA - E E E a Carla é muita legal

Fonte: Lígia Bortoloto Elias, 4ª série, Escola Ativa.

Discurso direto

O discurso citado é apresentado quase exclusivamente em estilo direto, em geral sem a presença de um verbo "dicendi" (de dizer), sucedendo-se as falas dos diálogos como se os interlocutores se encontrassem copresentes. A fim de exemplificar esse procedimento muito comum em textos de crianças, selecionamos o texto a seguir, destacando o discurso direto incorporado à escrita sem os traços que lhe são caracterizadores.

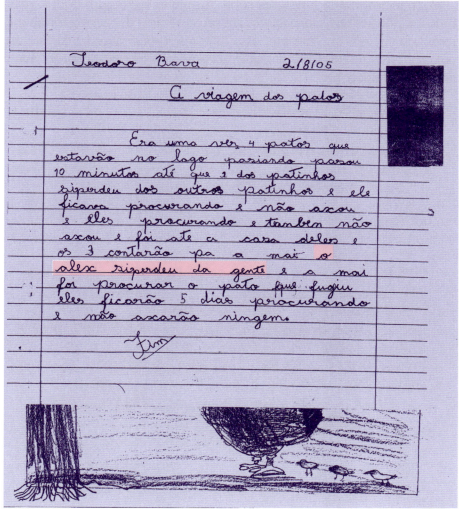

Fonte: Teodoro Bava Moreira, 1ª série, Colégio Madre Alix.

Segmentação gráfica

A segmentação gráfica em textos de crianças é feita com base nos vocábulos fonológicos ou aquilo que a criança apreende como tal. O que se nota é que a criança, ao tentar efetuar a segmentação gráfica adequada, acaba, por vezes, caindo no extremo oposto, isto é, "picando" demais a palavra ou, pelo contrário, emendando vocábulos, conforme a maneira como são pronunciados.

A criança formula hipóteses sobre a segmentação correta dos vocábulos, hipóteses que vai testando em seus escritos, da mesma forma que testa, muitas vezes no mesmo texto, hipóteses sobre a grafia correta das palavras. Nos textos 1 e 2 a seguir, notamos na escrita hipóteses que a criança elabora sobre:

- a **segmentação gráfica**: "desas trado" e "umaves" (**texto 1**); Portociguro" (**texto 2**);
- a **grafia correta das palavras**: "qe", "sobrevou", "pasarãos", "imda", "istava", "vuando", "ne", "pasageros", "morerão" (**texto 1**); "Siuva", "viagen", "cuantas", "veses","miu" (**texto 2**).

em uma complexa atividade que se situa para além do reconhecimento e da reprodução dos símbolos alfabéticos. Vamos aos textos:

Texto 1

> O avião desas trado
> ERA UMAVES UM AVIÃO QE SOBREVOU
> A LUA PASARÃOS 10' ANOS E O
> AVIÃO IMDA ISTAVA VUANDO TEVE
> UM DIA QE O AVIÃO BATEU NE UM
> METEORO E TODOS O PASAGEROS
> MORERÃO.
> FIM DA HISTORIA
> TEO 23/3/05

Fonte: Teodoro Bava Moreira, 1ª série, Colégio Madre Alix.

Texto 2

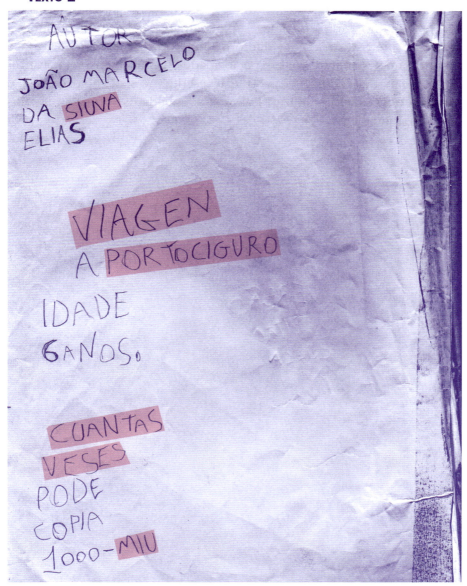

Fonte: João Marcelo da Silva Elias, 1ª série, Colégio Madre Alix.

Os fatos aqui apresentados constituem uma pequena amostra da ampla gama de interferências da oralidade na escrita inicial da criança e que poderiam servir de base para a intervenção do professor, durante a fase de aquisição da escrita.

Trabalhando cada um deles separadamente e levando o aluno a perceber que o texto escrito difere daquele que usa na interação face a face, tendo, portanto, suas especificidades, ele acabará por construir um outro modelo de texto – o do texto escrito – e será capaz de – **se e quando necessário** – utilizar de forma adequada os recursos próprios desta modalidade.

2
Escrita e interação

O que é escrita?

Se houve um tempo em que era comum a existência de comunidades ágrafas, se houve um tempo em que a escrita era de difícil acesso ou uma atividade destinada a alguns poucos privilegiados, na atualidade, a escrita faz parte da nossa vida, seja porque somos constantemente solicitados a produzir textos escritos (bilhete, e-mail, listas de compras, etc., etc.), seja porque somos solicitados a ler textos escritos em diversas situações do dia-a-dia (placas, letreiros, anúncios, embalagens, e-mail, etc., etc.).

BARRÉ-DE-MINIAC (2006: 38) afirma que "hoje, a escrita não é mais domínio exclusivo dos escrivães e dos eruditos. [...] A prática da escrita de fato se generalizou: além dos trabalhos escolares ou eruditos, é utilizada para o trabalho, a comunicação, a gestão da vida pessoal e doméstica".

Que a escrita é onipresente em nossa vida, já o sabemos. Mas, afinal, "o que é escrever?". Responder a essa questão é uma tarefa difícil porque a atividade de escrita envolve aspectos de natureza variada (linguística, cognitiva, pragmática, sócio-histórica e cultural).

Como é de nosso conhecimento, há muitos estudos sobre a escrita, sob diversas perspectivas, que nos propiciam diferentes modos de responder a questão em foco. Basta pensarmos, por exemplo, nas investigações existentes segundo as quais a escrita, ao longo do tempo, foi e vem se constituindo como um produto sócio-histórico-cultural, em diversos suportes e demandando diferentes modos de leitura (Chartier, 2003, 2002, 2001, 1998; Eisenstein, 1998); o modo pelo qual ocorre o processo de aquisição da escrita por parte da criança (Ferreiro & Teberosky, 1999; Landsmann, 2006); o modo pelo qual a escrita é concebida como uma atividade cuja realização demanda a ativação de conhecimentos e o uso de várias estratégias no curso da produção do texto (Torrance & Galbrait, 1999).

Apesar da complexidade que envolve a questão, não é raro, quer em sala de aula, quer em outras situações do dia-a-dia, nos deparamos com definições de escrita, tais como: "escrita é inspiração"; "escrita é uma atividade para alguns poucos privilegiados (aqueles que nascem com esse dom e se transformam em escritores renomados)"; "escrita é expressão do pensamento" no papel ou em outro suporte; "escrita é domínio de regras da língua"; "escrita é trabalho" que requer a utilização de diversas estratégias da parte do produtor.

Essa pluralidade de respostas nos faz pensar que o modo pelo qual concebemos a escrita não se encontra dissociado do modo pelo qual entendemos a linguagem, o texto e o sujeito que escreve. Em outras palavras, subjaz uma concepção de linguagem, de texto e de sujeito escritor ao modo pelo qual entendemos, praticamos e ensinamos a escrita, ainda que não tenhamos consciência disso.

Escrita: foco na língua

Se, em uma sala de aula, perguntarmos aos alunos o que pensam sobre a escrita, certamente, ouviremos que, para escrever – e fazê-lo bem –, é preciso conhecer as regras gramaticais da língua e ter um bom vocabulário, e que são esses os critérios utilizados na avaliação da produção textual.

Não é, pois, por acaso, que nós, professores e avaliadores de redações em tarefas escolares, ou simples leitores dos textos produzidos por alunos, encontramos nessas produções palavras rebuscadas, muitas vezes usadas inadequadamente.

Quanto às regras da gramática, bem, houve um tempo em que era comum recomendar aos alunos baterias e baterias de exercícios sobre uso de sinais de pontuação, concordância, regência, colocação pronominal, dentre outros tópicos, esperando que o aluno exercitasse em frases as regras gramaticais e depois transferisse esse conhecimento para a produção do texto.

Ah! Poderia haver, sim, alguns desvios em relação ao uso das regras, mas isso era visto com bons olhos apenas em escritas de autores já consagrados. Dito de outro modo, só aqueles que conheciam bem as regras da língua poderiam alterá-las. Aos demais, cabia apenas seguir o que era preconizado nas gramáticas, seguir modelos.

Subjacente a essa visão de escrita, encontra-se uma concepção de linguagem como um sistema pronto, acabado, devendo o escritor se apropriar desse sistema e de suas regras. O princípio explicativo de todo e qualquer fenômeno e de todo e qualquer comportamento individual repousa sobre a consideração do sistema, quer linguístico, quer social.

Nessa concepção de **sujeito como (pré)determinado pelo sistema**, o **texto** é visto como simples produto de uma codificação realizada pelo escritor a ser decodificado pelo leitor, bastando a ambos, para tanto, o conhecimento do código utilizado. Nessa concepção de texto, não há espaço para implicitudes, uma vez que o uso do código é determinado pelo princípio da transparência: tudo está dito no dito ou, em outras palavras, o que está escrito é o que deve ser entendido em uma visão situada não além nem aquém da linearidade, mas centrada na linearidade.

Escrita: foco no escritor

Há quem entenda a escrita como representação do pensamento, "escrever é expressar o pensamento no papel", por conseguinte, tributária de um **sujeito psicológico, individual, dono e controlador de sua vontade e de suas ações**. Trata-se de um sujeito visto como um *ego* que constrói uma representação mental, "transpõe" essa representação para o papel e deseja que esta seja "captada" pelo leitor da maneira como foi mentalizada.

Nessa concepção de língua como representação do pensamento e de sujeito como senhor absoluto de suas ações e de seu dizer, o **texto** é visto como um produto – lógico – do pensamento (representação mental) do escritor. A **escrita**, assim, é entendida como uma atividade por meio da qual aquele que escreve expressa seu pensamento, suas intenções, sem levar em conta as experiências e os conhecimentos do leitor ou a interação que envolve esse processo.

Escrita: foco na interação

Existe, porém, uma concepção segundo a qual a escrita é vista como produção textual, cuja realização exige do produtor a ativação de conhecimentos e a mobilização de várias estratégias. Isso significa dizer que o produtor, de forma não linear, "pensa" no que vai escrever e em seu leitor, depois escreve, lê o que escreveu, revê ou reescreve o que julga necessário, em um movimento constante e on-line guiado pelo princípio interacional.

Essa é a diferença em relação às concepções anteriormente descritas, visto que a escrita não é compreendida em relação apenas à apropriação das regras da língua, nem tampouco ao pensamento e intenções do escritor, mas, sim, em relação à interação escritor-leitor, levando em conta, é verdade, as intenções daquele que faz uso da língua para atingir o seu intento sem, contudo, ignorar que o leitor com seus conhecimentos é parte constitutiva desse processo.

Nessa concepção **interacional (dialógica) da língua**, tanto aquele que escreve como aquele para quem se escreve são vistos como **atores/construtores sociais, sujeitos ativos que – dialogicamente – se constroem e são construídos no texto**, este considerado um evento comunicativo para o qual concorrem aspectos linguísticos, cognitivos, sociais e interacionais (BEAUGRANDE, 1997). Desse modo, há lugar, no texto, para toda uma gama de implícitos, dos mais variados tipos, somente detectáveis quando se tem, como pano de fundo, o contexto sociocognitivo (ver **capítulo 4**) dos participantes da interação.

Nessa perspectiva, a escrita é uma atividade que demanda da parte de quem escreve a utilização de muitas estratégias, como:

- ativação de conhecimentos sobre os componentes da situação comunicativa (interlocutores, tópico a ser desenvolvido e configuração textual adequada à interação em foco);
- seleção, organização e desenvolvimento das ideias, de modo a garantir a continuidade do tema e sua progressão;
- "balanceamento" entre informações explícitas e implícitas; entre informações "novas" e "dadas", levando em conta o compartilhamento de informações com o leitor e o objetivo da escrita;
- revisão da escrita ao longo de todo o processo, guiada pelo objetivo da produção e pela interação que o escritor pretende estabelecer com o leitor.

O sentido da escrita, portanto, é produto dessa interação, não resultado apenas do uso do código, nem tão-somente das intenções do escritor. Numa concepção de escrita assentada na interação, o sentido é um *constructo*, não podendo, por conseguinte, ser determinado *a priori*.

Entendemos, pois, a escrita como a atividade de produção textual (TORRANCE & GALBRAITH, 1999) que se realiza, evidentemente, com base nos elementos linguísticos e na sua forma de organização, mas requer, no interior do evento comunicativo, a mobilização de um vasto conjunto de conhecimentos do escritor, o que inclui também o que esse pressupõe ser do conhecimento do leitor ou do que é compartilhado por ambos.

Mas o que significa na prática pensar a escrita como trabalho que resulta de uma conjugação de fatores? Leiamos o texto a seguir:

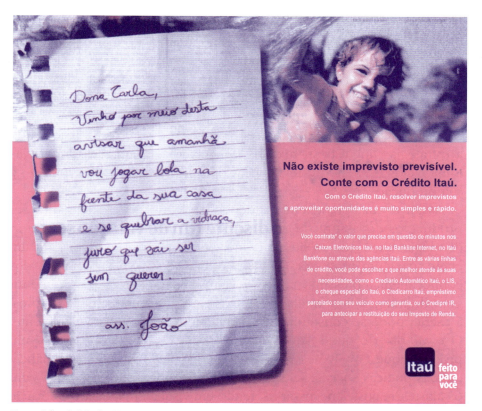

Fonte: *Folha de S.Paulo*, 14 mar. 2006.

Quem produziu esse texto teve como propósito anunciar um serviço oferecido pelo Banco Itaú. A fim de chamar a atenção do leitor, o produtor recorreu à estratégia de inserir no anúncio um bilhete cuja produção atribuímos a uma criança, ainda que não haja nenhuma indicação da idade de quem assina o bilhete.

No entanto, isso não invalida a nossa hipótese, uma vez que nosso "modelo" referente ao modo pelo qual geralmente crianças produzem textos é ativado com base em algumas pistas construídas intencionalmente pelo autor, visando guiar o leitor: tipo de letra, conteúdo desenvolvido, abreviação "ass.". Com acentuado grau de sofisticação, o produtor do texto insere o bilhete com destaque no anúncio e o faz na perspectiva de uma criança, objetivando chamar a atenção para o fato de que "não existe imprevisto previsível" como ilustrado no bilhete, por isso a saída é contar com o Itaú, um banco com crédito disponível para cobrir os imprevistos.

Vemos, portanto, que a escrita é um trabalho no qual o sujeito tem algo a dizer e o faz sempre em relação a um outro (o seu interlocutor/ leitor) com um certo propósito. Em razão do objetivo pretendido (para que escrever?), do interlocutor/leitor (para quem escrever?), do quadro espacio-temporal (onde? quando?) e do suporte de veiculação, o produtor elabora um projeto de dizer e desenvolve esse projeto, recorrendo a estratégias linguísticas, textuais, pragmáticas, cognitivas, discursivas e interacionais, vendo e revendo, no próprio percurso da atividade, a sua produção.

Assim é que, por exemplo, dependendo do gênero textual a ser produzido, do assunto a ser tratado, de quem seja o interlocutor, dos lugares em que se situam como interlocutores (escrever para um chefe, para um professor, para um amigo, para um namorado), dos conhecimentos pressupostamente compartilhados, do maior ou menor grau de intimidade, familiaridade existente entre esses interlocutores, a escrita pode se constituir mais formalmente ou mais informalmente. O *como* dizer o que se quer dizer é revelador de que a escrita é um processo que envolve escolha de um gênero textual em consonância com as práticas sociais, seleção, organização e revisão das ideias para os ajustes/reajustes necessários, tendo em vista a eficiência e a eficácia da comunicação.

Escrita e ativação de conhecimentos

Já dissemos que, em sua atividade, o escritor recorre a conhecimentos armazenados na memória relacionados à língua, ao saber enciclopédico, a práticas interacionais. Esses conhecimentos, resultado de inúmeras atividades em que nos envolvemos ao longo de nossa vida, deixam entrever a intrínseca relação entre linguagem/mundo/práticas sociais.

A seguir, abordaremos brevemente **os tipos de conhecimentos** ativados no processo de escrita – foco de nossa atenção –, esclarecendo, contudo, que o tratamento dado a esses conhecimentos em separado atende apenas a um critério didático. Também enfatizamos que, uma vez armazenados na memória, os conhecimentos sofrem alterações, modificações em razão da atualização de nossas práticas sociais. Assim sendo, segundo Koch (2002: 40):

> a memória deixa de ser vista como um auxiliar do conhecimento, passando a ser considerada parte integrante dele, ou mesmo como a forma de todo o conhecimento: o conhecimento nada mais é que estruturas estabilizadas na memória de longo prazo, que são utilizadas para o reconhecimento, a compreensão de situações – e de textos –, a ação e a interação social.

Conhecimento linguístico

Escrever é uma atividade que exige do escritor **conhecimento da ortografia, da gramática e do léxico de sua língua**, adquirido ao longo da vida nas inúmeras práticas comunicativas de que participamos como sujeitos eminentemente sociais que somos e, de forma sistematizada, na escola.

Conhecer como as palavras devem ser grafadas corretamente segundo convenção da escrita é um aspecto importante para a produção textual e a obtenção do objetivo almejado. Sob uma perspectiva interacional, obedecer às normas ortográficas é um recurso que contribui para a construção de uma imagem positiva daquele que escreve, porque, dentre outros motivos, demonstra: i) atitude colaborativa do escritor no sentido de evitar problemas no plano da comunicação; ii) atenção e consideração dispensadas ao leitor.

Obviamente, já sabemos disso e, em nossas produções textuais, prestamos atenção à ortografia, quando, por exemplo, recorremos a um dicionário ou gramática para dirimir dúvidas quanto à grafia de uma palavra. Nos exemplos a seguir reforçamos a importância da ortografia na produção escrita. O **texto 1** chama a nossa atenção para o fato de que escrever uma palavra de um jeito ou de outro ("comuntadores"/"computadores") pode dificultar a obtenção do objetivo pretendido. Por sua vez, o **texto 2** provoca o efeito de humor ao pôr em evidência, além do conceito, a forma de grafar corretamente a palavra "ócio".

Texto 1

Fonte: *O Estado de S.Paulo*, 14 fev. 2006.

Texto 2

Fonte: *Folha de S.Paulo*, 12 abr. 2007.

Ainda no conjunto dos conhecimentos sobre ortografia, merece destaque a acentuação gráfica. O uso das regras de acentuação gráfica no plano da escrita é um recurso que funciona como um sinalizador a mais a ser considerado na produção de sentido, tal como podemos verificar no exemplo a seguir:

Fonte: *O Estado de S.Paulo,* 21 jan. 2006.

 Em se tratando dos conhecimentos gramaticais, um dos tópicos que merece atenção é a pontuação, entendida não apenas com a função de marcar contornos entonacionais e deslocamentos sintáticos, mas, sim, em uma visão textual-discursiva. Nessa perspectiva, os sinais de pontuação são vistos como "marcas do ritmo da escrita", por meio das quais "o escrevente sinaliza para o leitor as relações entre as partes da oração, bem como uma forma preferencial de leitura" (CHACON, 1998: 133). O texto a seguir é uma exemplificação do que acabamos de dizer. Vejamos:

Fonte: Revista *Veja*, 9 abr. 2008.

Além de aspectos ortográficos e gramaticais, os conhecimentos linguísticos dizem respeito ao **léxico**, ou seja, ao inventário total de palavras disponíveis para os falantes, embora isso não signifique que devamos entender o léxico apenas como uma longa lista de palavras, mas, sim, como um conjunto de recursos lexicais que incluem os processos disponíveis na língua para a construção de palavras.

No exemplo a seguir,

Fonte: *O Estado de S.Paulo*, 6 fev. 2006.

chama-nos a atenção o uso da palavra "confiscar" e uma avaliação "positiva" desse uso na situação descrita, o que significa dizer que, assim como "a roupa (a moda) carrega consigo elementos de maior ou menor prestígio social, valorizando ou desvalorizando o usuário, da mesma forma a linguagem atribui prestígio ou desprestígio a quem fala ou escreve" (PRETI, 2003: 51-52).

No texto acima, vimos que o produtor destacou a questão do prestígio/desprestígio social que carregam certas palavras em um dado contexto de uso e as implicações disso no plano interacional.

Conhecimento enciclopédico

Em nossa atividade de escrita, recorremos constantemente a conhecimentos sobre coisas do mundo que se encontram armazenados em nossa memória, como se tivéssemos uma enciclopédia em nossa mente, constituída de forma personalizada, com base em conhecimentos de que ouvimos falar ou que lemos, ou adquirimos em vivências e experiências variadas.

Vejamos nos textos a seguir como o escritor ativou conhecimentos enciclopédicos para produzir as tiras e o quanto pressupõe que esses conhecimentos façam parte também da memória do leitor.

No **texto 1**,

Fonte: *O Estado de S.Paulo*, 31 out. 2007.

o escritor constitui o efeito de humor da tira ao fazer uso do conhecimento culturalmente constituído sobre **o dia 1º de abril** – o Dia da Mentira. Esse dia é assim conhecido, porque, segundo nos contam, em 1564, o rei da França Carlos ix transferiu a comemoração do Ano Novo, antes comemorado entre 25 de março e 1º de abril, início da primavera, para 1º de janeiro. No entanto, algumas pessoas resistentes à mudança do calendário continuaram a comemorar o Ano Novo no dia 1º de abril e, por essa razão, passaram a ser alvo de diversas brincadeiras, fato que tornou esse dia conhecido como o Dia da Mentira em muitos lugares do mundo.

No **texto 2**,

Fonte: *O Estado de S.Paulo*, 23 maio. 2007.

o escritor revela, em sua produção, conhecimento que possui sobre a prática do grafite, por um lado, e a prática do *spam*, por outro lado.

Sabemos, com base em nosso conhecimento enciclopédico, que grafite significa "marca ou inscrição feita em um muro" e constitui uma prática de escrever ou desenhar nos muros com estilo e finalidade diversificados (políticos, artísticos), cuja origem remete aos tempos do

Império Romano. Por sua vez, *spam* é o termo pelo qual é comumente conhecido o envio, a uma grande quantidade de pessoas de uma vez, de mensagens eletrônicas, geralmente com propósito publicitário. Na produção das tirinhas, os autores recorreram a esses conhecimentos das coisas do mundo e deram-lhes destaque na escrita, pressupondo que também fazem parte do repertório do leitor.

Conhecimento de textos

Para a atividade de escrita, o produtor precisa ativar "modelos" que possui sobre práticas comunicativas (ver **capítulo 3**) configuradas em textos, levando em conta elementos que entram em sua composição (modo de organização), além de aspectos do conteúdo, estilo, função e suporte de veiculação. É o que podemos notar na produção a seguir:

Fonte: *O Estado de S.Paulo*, 23 jan. 2006.

Na tirinha, o produtor recorre a conhecimentos que possui sobre como compor o gênero de modo a provocar o efeito de humor tão esperado nesse tipo de produção. A pergunta se o currículo pode conter informação sobre a autoestima de quem o elabora provoca o efeito de humor, porque o nosso modelo atual de currículo nos diz que tipo de informações, geralmente, devem compor esse gênero textual. É verdade que esses "modelos" são flexíveis e sofrem alterações ao longo do tempo, fato esse acentuado no princípio de "estabilidade relativa" constitutivo dos gêneros textuais, postulado por Bakhtin (1992).

Além disso, é importante ressaltar que o conhecimento textual também está relacionado à presença de um texto ou mais de um texto em outro. Nesse sentido, falar de conhecimento de textos significa também falar de **intertextualidade** (ver **capítulo 5**), um princípio que entra na constituição de todo e qualquer texto, visto que este é produzido em resposta a outro texto, sempre. A escrita, portanto, é uma atividade que exige a retomada de outros textos, explícita ou implicitamente, dependendo do propósito da comunicação. É o que revela o texto a seguir, que retoma o discurso bíblico sobre o pecado original para provocar o efeito de humor, traço característico do gênero. Vejamos:

Fonte: *O Estado de S.Paulo*, 15 out. 2007.

Conhecimentos interacionais

Além dos conhecimentos descritos, a escrita demanda ativação de modelos cognitivos que o produtor possui sobre práticas interacionais diversas, histórica e culturalmente constituídas. É, portanto, baseado em conhecimentos interacionais, que o produtor:

- **configura na escrita a sua intenção, possibilitando ao leitor reconhecer o objetivo ou propósito pretendido no quadro interacional desenhado.**

No texto a seguir, o produtor sinaliza, no trecho em destaque, que a produção é uma homenagem a uma avó muito querida e espera que os leitores a apreciem.

VÓ DOCA
(MINHA AVÓ)

VÓ É COISA PRA SEMPRE...
FIZ ESSA POESIA EM HOMENAGEM A UMA DAS MINHAS AVÓS, QUE JÁ SE FOI... ESPERO QUE GOSTEM:

MINHA VÓ,
COM BELEZA E VONTADE,
RECEBIA VISITAS,
TINHA MUITAS AMIZADES!

ELA E A TIA ELZA
FICAVAM HORAS CONVERSANDO
ESQUECIAM DE TUDO, MENOS DA NOVELA
"HOJE A CLARICE VAI FALAR COM A DONA CARMELA"

ENTÃO ASSISTIAM, MUITO ATENCIOSAS
MAS BASTAVA TERMINAR, PARA ELZA EXCLAMAR:
"DOCA, TENHO QUE IR DESCANSAR"

DE MANHÃ, NÃO MUITO CEDO, EU ACORDAVA,
E A VOVÓ FALAVA:
"BOM DIA, NETINHO, VAI TOMAR LEITE, VAI!"
SEM DISCUTIR, EU IA PARA A MESA
BEBIA LEITE E COMIA PÃO, QUEIJO E MELÃO!

DEPOIS BRINCÁVAMOS, EU E MEUS PRIMOS,
DE REPENTE, ELA CHAMAVA:
"VENHAM ALMOÇAR, MEUS NETINHOS"

APÓS O ALMOÇO, IA AJUDAR MINHA VÓ A FAZER PALAVRAS CRUZADAS...
LÁ ESTAVA ELA, SENTADA, EM SUA CADEIRA, ESCREVENDO, NÃO POR MUITO TEMPO:
"AGORA CHEGA, ESTOU MUITO CANSADA!"

MAS UM DIA O TEMPO DE MINHA VÓ TERMINA,
E DEUS A LEVA EMBORA,
A GENTE CHORA,
PORÉM, LÁ DO CÉU, AINDA SE OUVE:
"NÃO CHOREM, EU ESTOU AQUI... MINHA ALMA ESTÁ AÍ, COM VOCÊS!" E ESTÁ.

A PRESENÇA DELA É FÁCIL DE PERCEBER
PRINCIPALMENTE NESSA FRASE QUE MOISÉS CHEGOU A ESCREVER:
"A ETERNA MORADA DA DOCA, ONDE CABEM AMIGOS DEMAIS... AQUI BATEM PESSOAS
QUAISQUER E ENTRAM CONVIDADOS ESPECIAIS..."

JAMILE LOURDES ELIAS (DOCA) 1920/2007

Fonte: João Marcelo da Silva Elias, 11 anos, 03 jan. 2008.

- **determina a quantidade de informação necessária, numa situação comunicativa concreta, para que o leitor seja capaz de reconstruir o objetivo da produção do texto.**

Esse "balanceamento", o produtor define com base na situação comunicativa e no gênero textual requisitado na situação vivenciada, considerando, é claro, o traço da plasticidade constitutivo das práticas configuradas em texto.

É o conhecimento interacional que nos diz que placas, no caso do nosso exemplo a seguir, as placas de trânsito, devem conter informações breves, rápidas, considerando que os leitores interessados (leia-se "os motoristas"), por estarem dirigindo, não disporão de muito tempo para leitura.

Fonte: *Folha de S.Paulo*, 11 mar. 2007.

- **seleciona a variante linguística adequada à situação de interação.**

O texto a seguir, por se tratar de um informe publicitário veiculado em jornal de grande circulação com o propósito de prestar esclarecimento aos consumidores do produto em questão nos termos determinados pela legislação, é produzido com alto grau de formalidade. Caso contrário, não obteria o efeito desejado. Vamos ao texto:

Nos termos do Compromisso de Ajustamento de Conduta n° 51.161.323/08 assinado com o Ministério Público de SP, a Nivea vem a público prestar o seguinte esclarecimento: a estrutura da pele é formada pelas papilas dérmicas, que com o tempo perdem a intensidade. Nivea Visage Age Reverse regenera e devolve às papilas a densidade de uma pele mais jovem, segundo pesquisa do Instituto alemão DermaConsult. Ao contrário do afirmado em publicidade anterior, não pode determinar o rejuvenescimento da pele em número de anos, uma vez que diversos fatores contribuem para variação deste resultado.

Fonte: *O Estado de S. Paulo*, 7 ago. 2008.

- **faz a adequação do gênero textual à situação comunicativa.**
  O trecho a seguir destacado do livro *O mundo de Sofia*, em que a personagem Sofia decide escrever uma carta para um leitor "sem rosto" e o faz de modo solene.

Essa história de livre-arbítrio levou Sofia a um outro pensamento, completamente diferente. Por que ela tinha de engolir essa brincadeira de gato e rato com o filósofo misterioso? Por que ela não podia escrever uma carta para ele? Ele ou ela viria na certa na manhã seguinte para colocar outra carta na sua caixa de correio. E por isso ela também deixaria uma carta para seu professor de filosofia. Sofia pôs mãos à obra. Ela achou muito difícil escrever para uma pessoa que jamais tinha visto. Não sabia nem mesmo se estava escrevendo para um homem ou para uma mulher. Também não sabia se esta pessoa era jovem ou velha. Além disso, esta pessoa poderia ser alguém que Sofia conhecesse.
Em meio a todas essas perguntas, Sofia conseguiu redigir a seguinte carta:

Prezado senhor filósofo!
Todos aqui em casa estão gostando muito de seu generoso curso de filosofia por correspondência. O que nos incomoda, porém, é que não sabemos quem o senhor é. Pedimos-lhe, então, que se identifique com seu nome completo. Como recompensa, o senhor está convidado a vir tomar uma xícara de café aqui em casa, de preferência quando mamãe não estiver. Ela trabalha de segunda a sexta das 7h30 às 17h. Eu mesma vou à escola durante este período, mas chego em casa às duas e quinze. Além disso, sei fazer café muito bem. Desde já lhe agradeço.
Cordiais saudações,
De sua dedicada aluna, Sofia Amundsen, catorze anos.

Bem embaixo da página, escreveu: "Peço-lhe que responda assim que possível". Sofia acabou sua carta muito solene. Mas não era fácil escolher as palavras para escrever a alguém sem rosto.
Colocou a carta em um envelope cor-de-rosa e o fechou. No envelope escreveu: "Ao senhor filósofo".
O problema era saber como deixar para ele na caixa de correio sem que a mãe a encontrasse. Ela tinha que esperar a mãe entrar em casa para depois colocar a carta na caixa de correio. Ao mesmo tempo, não podia deixar de olhar a carta na manhã seguinte, bem cedo, antes de o jornal chegar. Se durante a noite não chegasse nenhuma carta para ela, teria de recolher o envelope cor-de-rosa.
Por que tudo tinha que ser tão complicado?

Fonte: GAARDER, Jostein. *O mundo de Sofia.* São Paulo: Companhia das Letras, 1995, pp . 62-63.

- **assegura a compreensão da escrita para conseguir a aceitação do leitor quanto ao objetivo desejado, utilizando-se de vários tipos de ações linguísticas configuradas no texto, por meio**

da introdução de sinais de articulação ou apoios textuais, atividades de formulação ou construção textual. Exemplificamos com o texto a seguir:

Fonte: *O Estado de S. Paulo*, 7 ago. 2008.

Neste capítulo, defendemos uma concepção de escrita como atividade que tem como base a interação, uma vez que: i) se escreve sempre para alguém, ainda que esse alguém sejamos nós mesmos; ii) se revê o que se escreve uma, duas ou quantas vezes forem necessárias, sempre pensando em "ajustar" o texto à intenção do seu produtor e à compreensão do leitor. Ilustrativamente, podemos verificar isso nas três versões do texto "A vida no mundo" produzidas por João Marcelo da Silva Elias, aluno da 4ª série, Colégio Madre Alix/São Paulo.

VERSÃO 1

A VIDA NO MUNDO

A VIDA NO MUNDO, VOCÊ PODE ENTENDER?
O HOMEM, SUJAR O RIO TIETÊ!

A VIDA MUNDO, VOCÊ PODE ENTENDER?
ÁRVORES TÃO LINDAS LEVADAS A PERDER!

A VIDA NO UNIVERSO, VOCÊ PODE ENTENDER?
DEUS TÃO CRIATIVO FAZENDO VOCÊ CRESCER!

VERSÃO 2

A VIDA NO MUNDO

A VIDA NO MUNDO, VOCÊ PODE ENTENDER?
O HOMEM, SUJAR OS RIOS SEM TEMER!

A VIDA MUNDO, VOCÊ PODE ENTENDER?
ÁRVORES TÃO LINDAS LEVADAS A PERDER!

A VIDA NO MUNDO VOCÊ PODE ENTENDER?
VIOLÊNCIA ONDE QUER QUE VOCÊ POSSA VER!

A BOA VIDA NO MUNDO, HÁ DE ACONTECER?
SÓ SEM POLUIÇÃO E COM PAZ PARA SE DAR E VENDER!

VERSÃO 3

A VIDA NO MUNDO

A VIDA NO MUNDO, VOCÊ PODE ENTENDER?
O HOMEM, DESTRUIR A NATUREZA SEM TEMER!

A VIDA MUNDO, VOCÊ PODE ENTENDER?
ÁRVORES TÃO LINDAS LEVADAS A PERDER!

A VIDA NO MUNDO VOCÊ PODE ENTENDER?
VIOLÊNCIA ONDE QUER QUE VOCÊ POSSA VER!

A BOA VIDA NO MUNDO, HÁ DE ACONTECER?
SÓ SEM POLUIÇÃO E COM PAZ PARA SE DAR E VENDER!

Nas versões do texto, ou em sua reescrita, como podemos perceber, o pequeno autor recorreu a estratégias de:

- **reformulação** de trechos

O HOMEM, SUJAR O RIO TIETÊ! **(versão 1)**
O HOMEM, SUJAR OS RIOS SEM TEMER! **(versão 2)**
O HOMEM, DESTRUIR A NATUREZA SEM TEMER! **(versão 3)**

- **supressão** do trecho

A VIDA NO UNIVERSO, VOCÊ PODE ENTENDER?
DEUS TÃO CRIATIVO FAZENDO VOCÊ CRESCER!

conforme verificamos nas **versões 2 e 3**.

- **acréscimo** dos trechos:

A VIDA NO MUNDO VOCÊ PODE ENTENDER?
VIOLÊNCIA ONDE QUER QUE VOCÊ POSSA VER!

A BOA VIDA NO MUNDO, HÁ DE ACONTECER?
SÓ SEM POLUIÇÃO E COM PAZ PARA SE DAR E VENDER!

como observado nas **versões 2 e 3**.

Dizendo de outro modo: a escrita pressupõe sempre o leitor e, na base disso, encontra-se o princípio da interação, que privilegia a negociação entre os sujeitos, a intersubjetividade, os conhecimentos sociocognitivamente constituídos e significados, a língua situadamente em uso, o dizer e o redizer. Nas palavras de Graciliano Ramos:

> Deve-se escrever da mesma maneira como as lavadeiras lá de Alagoas fazem seu ofício. Elas começam com uma primeira lavada, molham a roupa suja na beira da lagoa ou do riacho, torcem o pano, molham-no novamente, voltam a torcer. Colocam o anil, ensaboam e torcem uma, duas vezes. Depois enxáguam, dão mais uma molhada, agora jogando a água com a mão. Batem o pano na laje ou na pedra limpa, e dão mais uma torcida e mais outra, torcem até não pingar do pano uma só gota. Somente depois de feito tudo isso é que elas dependuram a roupa lavada na corda ou no varal, para secar. Pois quem se mete a escrever devia fazer a mesma coisa. A palavra não foi feita para enfeitar, brilhar como ouro falso: a palavra foi feita para dizer." (RAMOS, Graciliano, 2008).

3
Escrita e práticas comunicativas

Gêneros textuais: o que são? Para que servem?

Para dar início ao desenvolvimento do tópico deste capítulo, vamos ler os textos a seguir:

TEXTO 1

Fonte: *O Estado de S.Paulo*, 7 nov. 2005.

Texto 2

Fonte: *O Estado de S.Paulo*, 15 fev. 2006.

Texto 3

Fonte: *Folha de S.Paulo*, 11 jun. 2006.

Nas tirinhas, notamos que a produção escrita foi denominada de **horóscopo (texto 1)**; **bilhete (texto 2)** e **diário (texto 3)**. De nossa parte, não estranhamos a "rotulação", uma vez que essas práticas comunicativas, de tão comuns, propiciam-nos a construção de um "modelo" sobre o que são, como se definem, em que situação devemos produzi-las, a quem devem ser endereçadas, que conteúdo é esperado nessas produções e em que estilo fazê-lo.

Em outras palavras, todos nós, falantes/ouvintes, escritores/leitores, construímos, ao longo de nossa existência, uma **competência metagenérica**, que diz respeito ao conhecimento de gêneros textuais, sua caracterização e função.

É essa competência que nos propicia a escolha adequada do que produzir textualmente nas situações comunicativas de que participamos. Por isso, não contamos piada em velório, nem cantamos hino do nosso time de futebol em uma conferência acadêmica, nem fazemos preleções em mesa de bar.

Ainda, é essa competência que possibilita aos sujeitos de uma interação não só diferenciar os diversos gêneros, isto é, saber se estão diante de um horóscopo, um bilhete, um diário (como vimos nas tiras anteriores) ou de uma anedota, um poema, um telegrama, uma aula, uma conversa telefônica, etc., como também identificar as práticas sociais que os solicitam. Além disso, somos capazes de reconhecer se, em um texto, predominam sequências de caráter narrativo, descritivo, expositivo e/ou argumentativo, conforme veremos mais adiante.

Isto é, o contato com os textos da vida cotidiana, como anúncios, avisos de toda a ordem, artigos de jornais, catálogos, receitas médicas, prospectos, guias turísticos, manuais, etc., exercita a nossa **capacidade metatextual**, que vai nos orientar quando da construção e intelecção de textos.

Segundo BAKHTIN (1992), o pensador russo que deu início a toda a pesquisa atual sobre gêneros,

> todas as esferas da atividade humana, por mais variadas que sejam, estão relacionadas com a utilização da língua. Não é de surpreender que o caráter e os modos dessa utilização sejam tão variados como as próprias esferas da atividade humana [...]. O enunciado reflete as condições específicas e as finalidades de cada uma dessas esferas, não só por seu conteúdo temático e por seu estilo verbal, ou seja, pela seleção operada nos recursos da língua – recursos lexicais, fraseológicos e gramaticais – mas também, e sobretudo, por sua construção composicional.

Dessa forma, todas as nossas produções, quer orais, quer escritas, se baseiam em formas-padrão relativamente estáveis de estruturação de um todo a que denominamos *gêneros*. Longe de serem naturais ou resultado da ação de um indivíduo, essas práticas comunicativas são modeladas/remodeladas em processos interacionais dos quais participam os sujeitos de uma determinada cultura.

Visto que as esferas de utilização da língua são extremamente heterogêneas, também os gêneros apresentam grande heterogeneidade, incluindo desde o diálogo cotidiano à tese científica. Por essa razão, BAKHTIN distingue os gêneros primários dos secundários. Enquanto os primeiros (diálogo, carta, situações de interação face a face) são constituídos em situações de comunicação ligadas a esferas sociais cotidianas de relação humana, os segundos são relacionados a outras esferas, públicas e mais complexas, de interação social. Estes se formam a partir dos gêneros primários, absorvendo-os e transmutando-os, e apresentam-se frequentemente de forma escrita.

Gêneros textuais em perspectiva atual

Recentemente incorporados à agenda de trabalho de muitos pesquisadores situados no campo da Linguística Textual, os estudos sobre os gêneros textuais vêm contribuindo significativamente para ampliar a compreensão do processamento cognitivo do texto (recepção e produção).

Partindo da concepção bakhtiana segundo a qual os gêneros são enunciados relativamente estáveis em cuja constituição entram elementos referentes ao conteúdo, composição e estilo, Marcuschi (2002) afirma que é impossível pensar em comunicação a não ser por meio de gêneros textuais (quer orais, quer escritos), entendidos como práticas socialmente constituídas com propósito comunicacional configuradas concretamente em textos.

Por sua vez, Koch (2004a) defende a ideia segundo a qual os indivíduos desenvolvem uma **competência metagenérica** que lhes possibilita interagir de forma conveniente, na medida em que se envolvem nas diversas práticas sociais. É essa **competência** que orienta, por um lado, a leitura e a compreensão de textos, e, por outro lado, a produção escrita (e também oral). Para pensar um pouco mais sobre essa questão, vamos ler o texto a seguir:

> GOTA QUE FALA
> GOTA QUE NÃO
> GOTA QUE PASSA
> LÁ NO PORTÃO
>
> GOTA QUE ESFREGA
> GOTA QUE NÃO
> GOTA QUE SOBE
> NO ESCADÃO
>
> GOTA QUE RI
> GOTA QUE CHORA
> GOTA QUE PASSA
> GOTA QUE VAI
> GOTA QUE ENXERGA
> GOTA QUE NÃO
> GOTA QUE PASSA
> LÁ NO PORTÃO

Fonte: Leonardo Campos Yunes Elias, 6 anos, Escola Pueri Regnum.

Do ponto de vista da leitura, não temos dificuldade alguma de reconhecer que o texto acima é um poema, não só por sua forma de estruturação como também por seu estilo e função. Do ponto de vista da escrita, a pergunta que nos fazemos é: o que é que possibilitou à criança a produção do poema?

Para responder a essa questão, respaldamo-nos em BAKHTIN (1992: 301-302), para quem a atividade de fala ou de escrita sempre exige do sujeito produtor "uma **forma padrão** e relativamente estável de **estruturação de um todo**, que constitui um rico repertório dos gêneros do discurso orais (e escritos)".

Ainda segundo o autor, "em nossas práticas comunicativas usamos os gêneros com segurança e destreza, mas podemos ignorar totalmente a sua existência teórica". Em outras palavras, aprendemos no dia-a-dia a "moldar" a escrita (e também a nossa fala) "às formas precisas de gêneros, às vezes padronizados e estereotipados, às vezes mais maleáveis, mais plásticos e mais criativos", pois,

> se não existissem os gêneros do discurso e se não os dominássemos, se tivéssemos de criá-los pela primeira vez no processo da fala, se tivéssemos de construir cada um de nossos enunciados, a comunicação verbal seria quase impossível.

Voltando-nos para o texto da criança, podemos afirmar que as situações em que foi exposta a esse gênero possibilitaram-lhe a construção de um "modelo" que é ativado na escrita e na leitura, ainda que o garoto não tenha consciência disso.

Assim sendo, subjazem às nossas atividades de produção escrita os seguintes pressupostos:

- escritores produzem textos com base em "modelos" construídos socialmente, razão pela qual, de um modo geral, não temos dificuldade de produzir, por exemplo, um bilhete ou um e-mail, já que se trata de gêneros textuais bastante comuns em nossa comunicação diária. Caso bem diferente, porém, seria se fôssemos solicitados a produzir uma petição, um gênero próprio do domínio jurídico, tarefa muito difícil para quem não é desse campo de atuação, porque desconhece não só a organização desse texto, seu conteúdo e modo de constituir o dizer, como também para quem se dirige e com que objetivo;
- os modelos são abstrações de situações de que participamos e do modo de nos comportarmos linguisticamente, portanto, em sua constituição, entram de forma inter-relacionada aspectos cognitivos, sociais e interacionais;
- os modelos são constituídos e reconstituídos ao longo de nossa existência em decorrência das inúmeras práticas sociais de que participamos. A produção textual solicita a ativação de modelos(s) para a organização do texto, seleção de ideias e modo de constituição do dizer, posicionamento enfatizado quando se concebe a relação linguagem, mundo e práticas sociais. O que significa dizer, em outras palavras, que:
    - ✓ quando escrevemos, não somos totalmente "livres" para utilizar indiscriminadamente qualquer forma textual;
    - ✓ como qualquer outro produto social, os gêneros textuais não são formas fixas, mas estão sujeitos a mudanças, decorrentes das transformações sociais, de novos procedimentos de organização e acabamento da arquitetura verbal, bem como de modificações conforme o lugar atribuído ao ouvinte.

Gêneros textuais: composição, conteúdo e estilo

Em termos bakhtinianos, um gênero pode, pois, ser assim caracterizado:
- são tipos relativamente estáveis de enunciados presentes em cada esfera de troca: os gêneros possuem uma forma de composição, um **plano composicional**. Se pensarmos, por exemplo, no gênero cartão-postal apresentado a seguir,

Fonte: revista *Dufry World*, n. 2.

sobressaem em sua composição os seguintes elementos: destinatário, informação contida em um campo à parte, além da saudação inicial, mensagem, saudação final e assinatura.

- Além do plano composicional, os gêneros distinguem-se pelo **conteúdo temático** e pelo **estilo**.

O **conteúdo temático** diz respeito ao tema esperado no tipo de produção em destaque e o **estilo** está vinculado ao tema e conteúdo. Nas palavras de BAKHTIN (1992), o **estilo**

> está indissociavelmente vinculado a determinadas unidades temáticas e, o que é mais importante, a determinadas unidades composicionais: tipos de estruturação e conclusão de um todo, tipo de relação entre locutor e os outros parceiros da comunicação verbal (relação com o ouvinte, ou com o leitor, com o interlocutor, com o discurso do outro, etc.).

Na prática, isso significa dizer que, se tratamos do gênero contrato, por exemplo, em termos de conteúdo, é esperada a descrição de cláusulas referentes a deveres e direitos das partes envolvidas, e essa expectativa é válida para todo e qualquer contrato. É o conteúdo temático associado à composição e ao estilo (formal) que vão constituir o contrato como contrato e não como uma declaração, um requerimento, um relatório ou coisa que o valha.

Para explorarmos mais um pouco os elementos (composição, conteúdo temático e estilo) que entram na constituição de um gênero textual, vamos ler a tirinha a seguir:

Fonte: *O Estado de S.Paulo*, 7 mar. 2006.

Na tirinha, a personagem Calvin está escrevendo um cartão de Dia dos Namorados para Susi. O "modelo" que temos de produção de cartão (no caso, de Dia dos Namorados) nos diz que essa produção deve conter uma declaração de amor, em mensagem breve e estilo íntimo, informal, com identificação de quem o remete e de para quem se destina. Em nenhum momento, passa por nossa cabeça a ideia de que alguém produza um cartão de Dia dos Namorados cujo conteúdo, ao invés de amor, seja uma declaração de ódio. Como vemos, o autor da tirinha, no último quadrinho, rompe com o esperado e, ao fazê-lo, reforça "o modelo" que construímos socialmente sobre a temática que orienta o tipo de produção em foco.

- Trata-se de entidades escolhidas de acordo com as diversas práticas sociais, tendo em vista as esferas de necessidade temática, o conjunto dos participantes e a vontade enunciativa ou intenção do locutor.

De acordo com SCHNEUWLY (1994), os gêneros podem ser considerados ferramentas, na medida em que um sujeito – o enunciador – age discursivamente numa situação definida – a ação – por uma série de parâmetros, com a ajuda de um instrumento semiótico – o gênero. A escolha do gênero se dá sempre em função dos parâmetros da situação que guiam a ação e estabelecem a relação meio-fim, que é a estrutura básica de toda atividade mediada.

Dominar um gênero consistiria no próprio domínio da situação comunicativa, domínio esse que se pode dar por meio do ensino das aptidões exigidas para a produção de um gênero determinado. O ensino dos gêneros seria, pois, uma forma concreta de dar poder de atuação aos educadores e, por decorrência, aos seus educandos. Isso porque a maestria textual requer – muito mais que os outros tipos de maestria – a intervenção ativa de formadores e o desenvolvimento de uma didática específica.

Ao comunicar-se socialmente, o produtor escolhe no **intertexto** o gênero que lhe parece adequado. O **intertexto** é constituído pelo conjunto de gêneros de texto elaborados por gerações anteriores e que podem ser utilizados em cada situação específica, com eventuais transformações. Seria uma espécie de "reservatório de modelos textuais" portadores de valores de uso determinados em uma certa formação social.

A escolha do gênero deverá, portanto, levar em conta, em cada caso, os objetivos visados, o lugar social e os papéis dos participantes. Além disso, o agente deverá adaptar "o modelo" do gênero a seus valores particulares, adotando um estilo próprio, ou mesmo contribuindo para a constante transformação dos modelos. Pensar em práticas relativamente estáveis significa contemplar nessa definição um espaço para a instabilidade, a plasticidade, que pode ocorrer em se tratando:

- da ausência de uma das categorias previstas na composição do texto (pensemos, por exemplo, que, ao produzir uma carta, geralmente o fazemos em termos de cabeçalho, saudação inicial, mensagem, saudação final e assinatura). No entanto, às vezes, é produzida carta sem assinatura, passando a ser considerada "carta anônima", mas, ainda assim, uma carta;
- da intertextualidade entre gêneros que ocorre quando aquele que escreve produz um gênero em formato de outro, mantendo, contudo, a função do texto-base, conforme abordado no **capítulo 5**.

Schneuwly & Dolz (s/d) desenvolvem a ideia de que o gênero é o meio de articulação entre as práticas sociais e os objetos escolares, particularmente no que diz respeito ao ensino da produção e compreensão de textos, escritos ou orais. Uma ação de linguagem consiste em produzir, compreender, interpretar e/ou memorizar um conjunto organizado de enunciados orais ou escritos, isto é, um texto.

A par disso, toda ação linguageira implica diferentes capacidades da parte do sujeito: de adaptar-se às características do contexto e do referente (capacidades de ação), de mobilizar modelos discursivos (capacidades discursivas) e de dominar as operações psicolinguísticas e as unidades linguísticas (capacidades linguístico-discursivas).

Assim, as diversas práticas de linguagem podem ser relacionadas, no ensino, por meio dos gêneros – vistos como formas relativamente estáveis tomadas pelos enunciados em situações habituais, entidades culturais intermediárias que permitem estabilizar os elementos formais e rituais das práticas de linguagem. Os gêneros ligados a cada uma dessas práticas são um termo de referência intermediário para a aprendizagem, uma "megaferramenta" que fornece um suporte para a atividade nas situações de comunicação e constitui uma referência para os aprendizes.

Sequências textuais

De acordo com as postulações de Adam (2008), Schneuwly & Dolz defendem que todo texto é formado de sequências, esquemas linguísticos básicos que entram na constituição dos diversos gêneros e variam menos em função das circunstâncias sociais. Cabe ao produtor escolher, dentre as sequências disponíveis – descritiva, narrativa, injuntiva, explicativa, argumentativa, dialogal – a que lhe parecer mais adequada, tendo em vista os parâmetros da situação.

A par da familiarização com os gêneros, é possível levar o aluno a depreender, entre determinadas sequências ou tipos textuais – narrativas, descritivas, expositivas, etc. – um conjunto de características comuns, em termos de estruturação, seleção lexical, uso de tempos verbais, advérbios (de tempo, lugar, modo, etc.) e outros elementos dêiticos, que permitem reconhecê-las como pertencentes à determinada classe.

Segundo Beaugrande & Dressler (1981), é pela comparação dos textos a que se acham expostos os falantes no meio em que vivem, e pela subsequente representação na memória de tais características, que eles constroem modelos mentais tipológicos específicos, a que Van Dijk (1983) denomina *superestruturas,* os quais vão lhes permitir construir e reconhecer as sequências dos diversos tipos. As superestruturas mais frequentemente estudadas são **a narrativa**, **a descritiva**, **a injuntiva**, **a expositiva** e **a argumentativa** (*stricto sensu*).

As **sequências narrativas** apresentam uma sucessão temporal/causal de eventos, ou seja, há sempre um antes e um depois, uma situação inicial e uma situação final, entre as quais ocorre algum tipo de modificação de um estado de coisas.

Há predominância dos verbos de ação, nos tempos do mundo narrado (Weinrich, 1964), bem como de adverbiais temporais, causais e, também, locativos. É frequente a presença do discurso relatado (direto, indireto e indireto livre). Predominam nos relatos de qualquer espécie, em notícias, romances, contos, etc. Como exemplificação, apresentamos os dois textos a seguir:

Texto 1

Por baixo da mesa

Nasci de um parto difícil. Fui apresentado ao mundo numa caixa de papelão quatro por quatro com mais cinco filhotes. Os dias passaram e descobri que viver era a disputa por uma teta. Até aqui ser um cão era muito confortável: comer e dormir. Algumas vezes um rosto humano aparecia na borda da caixa e um detalhe me marcava: uns óculos, nariz, um sorriso, mas sobretudo o gesto. Eu e meus irmãos já nos interessávamos por coisas variadas quando o primeiro de nós se foi. Sem muito alarde a mão branca com anéis dourados verificou o pelo, a destreza, o olhar e pronto! Escolheu. Eu não sei bem, mas fui ficando para depois. Até ficar absolutamente só. Minha mãe, embora me lambesse costumeiramente depois do parto, ficou cansada e preguiçosa, e passava seus dias sob as folhas da mangueira no quintal. O único contato com meus prováveis donos era a tina de comida e água colocada uma vez ao dia. Esqueci de contar! Sou um Pinscher. Preto com detalhes amarelos nos pelos dos olhos, pescoço e patinhas.

Meu latido é alto e inoportuno. Na verdade, nasci para ser um cão de guarda. Ninguém acredita, já me acostumei. Sou uma raça própria para crianças, porte pequeno, amoroso. O meu destino não foi minha escolha, mas precisão do dono que me trocou por um punhado de moedas. Não faz mal! Hoje, conto essa história deitado numa cama especial para cachorros. Minha dona é essa aí da foto, o outro, é claro, sou eu. E o gesto que mais emociona essa minha vida de cachorro são os pedacinhos de carne que ela me oferece por baixo da mesa de jantar. Na verdade, somos cúmplices.

Fonte: Marisa Pereira Elias Benvenuto.

Texto 2

Léo

Missão LUA

Um dia Fábio veio pra minha casa, era domingo.
Queríamos saber como era a lua e fizemos um foguete. Então não faltava mais nada.
Eu sou o piloto e Fábio é o ajudante, 3, 2 e... !!!! partimos.
Saímos da Atmosfera e chegamos, a viagem demorou meia-hora.
A Lua era grande e eu e meu ajudante fomos a explorar.
Fábio achou umas pedras boas de se comer e eu achei luzinhas para nos iluminar.
Eu e Fábio fizemos um acampamento, nós conversamos, brincamos e flutuamos.
A viagem foi legal e até vimos a Terra.
Quando voltamos ninguém acreditou na viagem.

Expressão livre!

Fonte: Leonardo Antonio Barreira e Silva, 4ª série, Colégio Madre Alix.

A **sequência descritiva** caracteriza-se pela apresentação de propriedades, qualidades, elementos componentes de uma entidade, sua situação no espaço, etc. Nela predominam os verbos de estado e situação, ou aqueles que indicam propriedades, qualidades, atitudes, que aparecem no presente, em se tratando de comentário, e no imperfeito, no interior de um relato. Predominam articuladores de tipo espacial/situacional. Exemplo são os textos a seguir:

Ingedore Villaça Koch • Vanda Maria Elias

Texto 1

Fonte: *Folha de S.Paulo*, 28 jun. 2006.

Texto 2

> "A namorada Ideal."
>
> No meu ponto de vista a mulher ideal deve ter como características físicas:
> * cabelo liso ou encaracolado, pele macia, olhos claros, nariz fino e não muito grande, seios médio, ou seja, nem muito fartos e nem muito pequeno, cintura fina, quadril largo, perna grossa e bum bum igual da Carla Perez (Loira do Tchan).
>
> E nem só de beleza vive o homem. A mulher, para ser ideal tem que ter estas características. E mais outras:
> * ser amiga, compreencisa, goste de praticar esporte, não fume, não beba, seja educada, inteligente. "Acima de tudo ser fiel."
>
> Mas se o homem for atrás de uma mulher só com estas características eu garanto: vai morrer Virgem.

Fonte: André Alves, 1º ano do ensino médio, Escola Estadual Pereira Barreto.

Nas **sequências expositivas**, por sua vez, tem-se a análise ou síntese de representações conceituais numa ordenação lógica. Os tempos verbais são os do mundo comentado (WEINRICH, 1964) e os conectores, predominantemente, do tipo lógico. O texto a seguir é marcadamente formado por esse tipo de sequência. Vejamos:

Estudo confirma preferência feminina pelo rosa

Terça, 21 de agosto de 2007, 09h47 — Atualizada às 10h11

Agora está confirmado: mulheres preferem rosa. Segundo uma pesquisa realizada pelo Instituto de Neurociência da Universidade de Newcastle, no Reino Unido, este traço tipicamente feminino indicaria uma característica evolutiva obtida a partir de milhares de anos coletando frutos avermelhados.

Para chegar a esta conclusão, os neurocientistas Anya Hurlbert e Yazhu Ling reuniram 171 britânicos e 38 imigrantes da Ásia, todos com idades entre 20 e 26 anos. Os voluntários foram colocados em frente a uma tela de computador para que escolhessem sua cor preferida.

Segundo os especialistas, os seres humanos determinam as cores a partir de duas escalas: vermelho-verde e azul-amarelo. Em função disso, Anya e Ling escolheram as cores da experiência a partir desses parâmetros e compararam as preferências de cada sexo.

Os resultados, que estão publicados na revista Current Biology, indicaram que, para a escala azul-amarelo, homens e mulheres preferiram o azul. No entanto, na hora de escolher entre as cores da outra escala, as mulheres ficaram com tons avermelhados, e os homens, com o verde.

De acordo com os pesquisadores, ao optar pelo azul e também pela parte mais avermelhada do espectro de cores próximo do azul, o sexo feminino mostra uma forte inclinação pelos tons de rosa e lilás. Com isso, a partir da cor escolhida por um voluntário, Anya e Ling conseguiam calibrar a probabilidade de identificação de seu sexo.

"Nós pensamos que esta é a primeira grande prova a respeito da diferença entre os sexos na hora de escolher as cores", disse Anya. Ela e seu colega especulam que tal diferença determine um aspecto da evolução, pois as mulheres passaram milhares de anos aperfeiçoando sua capacidade de coletar frutos avermelhados no meio de locais em que a cor verde era a predominante.

Redação Terra

A gente já sabia.

Confie no rosa Esqueç manch

Fonte: *Folha de S.Paulo*, 26 ago. 2007.

    As **sequências injuntivas** apresentam prescrições de comportamentos ou ações sequencialmente ordenadas, tendo como principais marcas os verbos no imperativo, infinitivo ou futuro do presente e articuladores adequados ao encadeamento sequencial das ações prescritas. Nos textos a seguir destacam-se essas sequências:

Texto 1

Mamãe merece mais

Milhões de mães estarão recebendo presentes enquanto meu leitor estiver lendo estas linhas.
São telefones celulares, lenços, bolsas, sapatos, DVDs, CDs (alguns piratas) e toneladas de flores. Algumas estarão recebendo livros (para quem não sabe, ou não se lembra, livro é um objeto feito de papel impresso, muita imaginação e um pouco de sabedoria).
A pergunta que não cala: por que tão poucos dão livros, tanto para suas mães quanto para parentes e amigos nos aniversários, ou por ocasião do Natal? Antonella di Renzo, uma jornalista italiana, afirma que livro é algo muito pessoal e que é muito mais fácil dar um presente impessoal, mesmo que entregue com o infalível "ele tem a sua cara". De fato, a cara das mães deve ser muito parecida pelos presentes que recebem... O que há de pessoal num LG ou num Nokia, por exemplo? O fato é que as pessoas "não querem errar", ou seja, não querem se expor a falar de si mesmas ao ofertar um objeto. Um lenço é um lenço e, no máximo, fala de nossa disposição em gastar mais ou menos. Já um livro...
E, contudo, um livro tem tantas vantagens: ocupa menos espaço do que um vaso, são apenas 23 centímetros de altura por 16 de largura e não mais que 2 ou 3 de profundidade, que se acomodam em qualquer lugar, seja na nobre estante de madeira de lei, no criado mudo ao lado da cama, ou mesmo em algum canto do banheiro. Ao contrário do celular que fala quando quer, o livro dialoga conosco quando nós queremos. Em vez da TV que se atem a uma programação definida por terceiros o livro nós comandamos: pode ser lido na ordem e na velocidade que nós desejamos, e ter trechos chatos saltados, pedaços interessantes repetidos a nosso bel prazer.
Ele tem restrições, é claro: enquanto dá para se assistir bovinamente um programa de TV, o livro tem um dispositivo antibovino. Com ele temos que nos manter ativos, uma vez que ele não se lê por si só, mas precisa ser lido, seus códigos decifrados, os personagens que ele descreve imaginados.
E presentear livros é, como dizia acima, tarefa de alto risco. Implica em fazer escolhas e fazer escolhas é sempre se arriscar.
Claro que podemos entrar numa livraria (livrarias são locais agradáveis e calorosos em que livros são expostos e vendidos) espiar o primeiro balcão e pedir um livro "de mãe", "de namorada", "de amigo metido a intelectual" e deixar a arriscada missão nas mãos do vendedor. Desaconselho esta opção. Você é que conhece a pessoa a ser presenteada e o presente vai definir uma relação entre o modo como você se percebe e o modo como percebe o presenteado. É evidente que você pode trocar uma ideia se tiver diante de si um raro exemplar de vendedor que conhece livros, mas não entre na conversa de alguém que é apenas... um vendedor.

Claro que podemos dar um livro cujo título vimos num jornal ou na revista semanal, mas cuja resenha não tivemos tempo de ler. Aí a gente pode se enganar redondamente. *Raízes do Brasil*, de Sergio Buarque de Holanda, apesar do título, não é um livro de botânica, *Cultura & Elegância* não ensina a se vestir, e *Rumo à Estação Finlândia* não é obra sobre turismo na Escandinávia.

Faça um esforço, pegue o livro na mão, olhe cuidadosamente a capa, leia a contracapa e as orelhas, se houver, busque o sumário. Procure algo que possa agradar o presenteado, mas que não deixe de agradá-lo. Não tem cabimento oferecer uma obra de Paulo Coelho, se você acha que ele é um picareta, ou de James Joyce, se você o considera um chato. O presente deve estreitar a relação entre você e o presenteado, não representar um sacrifício seja para o leitor, seja para o ofertante. O livro é uma homenagem, uma prova de que você conhece aquele que vai recebê-lo. O tempo que você passa escolhendo o livro é um tempo em que você está pensando no amigo, como leitor.

Pense na importância que alguns livros tiveram na sua vida. Pense na importância que os livros que você der possam vir a ter. Lembre-se do professor de português que insistiu para que você lesse Machado de Assis, esse mesmo que você relê todo ano. No colega que deu de aniversário um livro de Eric Hobsbawm, autor que mudou a sua vida. O dia dos namorados está chegando. Que tal dar a ela (ou a ele) um bom livro sobre o amor, mais barato do que um bom buquê de flores? E se ele(a) gostar de política, não seria má ideia a *História da cidadania*. Que homenagem maior a um político do que achar que ele leva a cidadania a sério?

Fonte: Pinsky, Jaime. Mamãe merece mais. *Correio Braziliense*, 14 maio 2006.

Texto 2

Fonte: *O Estado de S.Paulo*, 27 jun. 2008.

As **sequências argumentativas** *stricto sensu* são aquelas que apresentam uma ordenação ideológica de argumentos e/ou contra-argumentos. Nelas predominam elementos modalizadores, verbos introdutores de opinião, operadores argumentativos, etc., como podemos notar no texto a seguir:

Esclarecimentos sociopoliciais

Há tropas e há elite; as primeiras poderão ser numerosas, mas a outra será a mínima possível

VISANDO LEMBRAR o nível indigesto do debate saudável, vimos por meio desta alimentar a explicação, expiação ou confusão... E informar que:
Há tropas e há elite.
As tropas costumam ser policiais, mas a elite é sempre política.
As tropas poderão ser numerosas, dependendo da quantidade de conflitos para distribuir ou injustiça para administrar entre os muito pobres pelos mais ricos; mas a elite destes últimos será a mínima possível, para que os altos lucros geridos em sua posição não configurem maior distribuição e ascensão dos que precisam manter embaixo. Uns dependem dos outros diretamente para ficar onde estão, como disseram de antemão os marxistas mais antigos e conservadores, leninistas ou lenientes. Aliás, faz tempo que é assim, meio imoral, meio inconsciente, por mais moderno que o velho nos apareça... Assim, por mais sutil que pareça, uma tropa de elite é sempre uma tropa da elite, sejam honestas ou duvidosas, disciplinadas, avacalhadas ou perigosas as circunstâncias em que atuem umas e outras. Isso não quer dizer que os membros de uma tropa de elite percebam as mesmas honrarias, patrimônios ou honorários dos integrantes da tropa da elite. Não. É preciso dar condições aos soldados, mas não demais... É mais de um modo que os funcionários militares se atenham às ordens dos patrões e menos às pregações dos militantes revolucionários. Um homem ordinário de uma tropa de elite, por exemplo, poderá sonhar com um Rolex em seu pulso, mas é mais provável que a tropa de perdulários da elite os possua, ainda que representem algemas em seus braços. De todo modo, nem todos os traços que possuem nessas coisas importadas – sejam de que tropa for – poderão atestar a sua procedência nestas terras. Uma tropa de elite deverá ser identificada por farda, equipada com coletes à prova de bala, fuzis de grosso calibre e viaturas blindadas, enquanto a tropa da elite há de preferir garantir seus interesses à paisana, entre cercas eletrificadas, com segurança contratada ao inimigo e de canetas pretas em punho, como armas brancas que assinam decretos em carros de defunto "descaracterizados".

O uniforme de uma tropa de elite deve ser funcional, formal ou camuflado, de acordo com cada ocorrência hipotética, enquanto o traje da tropa da elite poderá até ser informal, cosmético ou espalhafatoso, preparado num corte charmoso pelos estilistas elitistas de plantão (em tempo: as costureiras bolivianas são recrutadas por licitação manjada, sem carteira assinada pela imigração). Uma tropa de elite normalmente atinge essa posição por mérito de sua experiência policial ou deve ser recrutada por concurso público, enquanto a tropa da elite se dedica ao conluio privado e informal, onde impera o mandato e o jeitinho congênito, genético e hereditário dos monarquistas, conforme atestam as biografias e heranças dos capitães do mato e demais arrivistas desta República. Uma tropa de elite dessas poderá ser racista em seus conceitos de atuação, mas serão capitalistas os recursos financeiros empregados em sua sustentação pela tropa da elite, que é por natureza preconceituosa, já que está na situação daqueles que são melhores do que os outros. As piores tropas de elite poderão ser promíscuas com o Estado, mas é a tropa da elite o Estado ele mesmo, mesmo que possa tê-lo cedido em comodato ou aluguel subsidiado aos operários e doutores pseudo-socialistas. Em relação estas tropas sempre estão num ser e não ser que não resolve a questão... Independentemente dos monólogos tediosos que fizermos e das justificativas filosóficas que tivermos desses casos e versões, é fato que uma tropa de elite e as tropas da elite têm em comum esses fóruns de privilegiados... Uns porque serão julgados em segredo para a satisfação de seus parceiros de armas, outros porque se protegerão das armadilhas da legislação vigente sem vergonha das imunidades obscenas que ganharam de presente na eleição. Uma tropa de elite precisa ser um time bem unido, mas "muito amigos" nós só encontraremos entre os membros de eleitos e delitos das tropas da elite... Uma tropa de elite pode até contar suas histórias de ficção para as câmeras, mas a verdade é que a tropa da elite mesmo não queimará seu filme aparecendo de peito aberto nas luzes das salas de exibição. O espetáculo do anonimato é a sua melhor proteção.

Fonte: BONASSI, Fernando. Esclarecimentos sociopoliciais. *Folha de S.Paulo*, 30 out. 2007.

 Cada gênero vai eleger uma ou, o que é mais comum, algumas dessas sequências ou tipos para a sua constituição. Assim, por exemplo, num conto ou num romance, vamos encontrar, a par das sequências narrativas, responsáveis pela ação propriamente dita (enredo, trama), sequências descritivas (descrições de situações, ambientes, personagens) e expositivas (intromissões do narrador); peças jurídicas como a petição inicial ou a contestação vão conter, normalmente, sequências narrativas, descritivas, expositivas e argumentativas; num manual de instruções encontrar-se-ão, pelo menos, sequências injuntivas e descritivas, e assim por diante.

Cabe, pois, à escola:

- possibilitar ao aluno o domínio do gênero, primeiramente, para melhor conhecê-lo ou apreciá-lo, de modo a ser capaz de compreendê-lo, produzi-lo na escola ou fora dela; para desenvolver capacidades que ultrapassam o gênero e são transferíveis para outros gêneros próximos ou distantes. Para realizar tais objetivos, torna-se necessária uma transformação, ao menos parcial, do gênero: simplificação, ênfase em determinadas dimensões, etc;
- colocar os alunos, ao mesmo tempo, em situações de comunicação o mais próximo possível das verdadeiras, que tenham para eles um sentido, para que possam dominá-las como realmente são.

Assim, quanto mais precisa a definição das dimensões ensináveis de um gênero textual, mais o trabalho didático facilitará a sua apropriação como (mega)instrumento e possibilitará o desenvolvimento de capacidades de linguagem diversas a ele relacionadas. Quanto mais claramente o objeto do trabalho é descrito e explicado, mais ele se torna acessível aos alunos não só nas práticas linguajeiras de aprendizagem, como em situações concretas de interação pela linguagem.

Acredita-se, pois, como também enfatizam os Parâmetros Curriculares Nacionais, que o ensino de leitura/produção textual com base nos gêneros poderá trazer importantes contribuições para a mudança da forma de tratamento da produção textual na escola.

4
Escrita e contextualização

Neste capítulo, abordaremos a noção de **contexto**. E, para começar, vamos ler a tirinha a seguir:

Fonte: *O Estado de S.Paulo*, 19 ago. 2007.

Nas nossas comunicações diárias, comumente fazemos referência ao **contexto**. Não é raro ouvirmos ou lermos em textos diversos que no contexto X o enunciado Y quer dizer Z.

Também frequentemente ouvimos comentários de que fulano ou beltrano não devia ter dito o que disse no contexto em que se encontrava. Para citar um exemplo, quem não se lembra do conselho da então ministra do Turismo Marta Suplicy, emitido durante uma cerimônia oficial, aos usuários que temiam enfrentar o caos nos aeroportos do país: "Relaxe e goze". Só para relembrar, vejamos um trechinho de um artigo de opinião sobre o episódio:

> "RELAXE e goze." Emitido durante uma cerimônia oficial a que não faltaram acidentes de percurso, o intempestivo conselho de Marta Suplicy nesta última quarta-feira dirigia-se a quem teme enfrentar o caos nos aeroportos do país. Com admirável rapidez, a nova ministra do Turismo pediu desculpas pela frase – e o episódio terminou se esgotando na saraivada de tiradas humorísticas e gaiatices que inevitavelmente se prestava a estimular.
> Nesse "relaxe e goze" talvez existam, entretanto, significados mais profundos do que supunha a vã sexologia ministerial. O conceito resume, na verdade, o que há de mais autêntico na atitude dos políticos brasileiros diante das dificuldades da população.

Fonte: *Folha de S.Paulo*, 17 jun. 2007, Opinião, p. 42.

Considerando o lado do produtor do texto, também é comum ouvirmos que o que disseram foi configurado em um contexto diferente e que, portanto, o sentido que produziram foi um outro e não aquele propiciado pela reprodução do dito, especialmente em se tratando da veiculação em meios de comunicação.

Sabemos, no entanto, que essas considerações não são válidas somente para personalidades públicas. Qualquer pessoa, em situação de interação, orienta suas ações (linguísticas e não linguísticas) com base no contexto. É só pensarmos, por exemplo, que em uma visita a um médico não nos comportamos do mesmo modo que em uma visita a um parente ou amigo muito querido ou, ainda, que um e-mail escrito para um amigo ou namorado é bem diferente daquele que escrevemos para um chefe ou outra pessoa na esfera profissional.

Em outras palavras, podemos dizer que, em uma situação de interação, quando levamos em conta os interlocutores, os conhecimentos considerados como compartilhados, o propósito da comunicação, o lugar e o tempo em que nos encontramos, os papéis socialmente assumidos e os aspectos históricos-culturais, estamos atuando com base no contexto e em seus elementos constitutivos.

Quando recorremos, para entender o texto, à metáfora do *iceberg*, que tem uma pequena superfície à flor da água (o explícito) e uma imensa superfície subjacente, que fundamenta a interpretação (o implícito), podemos chamar de contexto o *iceberg* como um todo, ou seja, tudo aquilo que, de alguma forma, contribui para ou determina a construção do sentido.

Vejamos a tirinha a seguir:

Fonte: *O Estado de S.Paulo,* 19 ago. 2006.

Nessa produção, é o contexto que possibilita a compreensão de que o enunciado "Aposto que já me mostrou mil propostas, tenente" não deve ser entendido ao pé da letra, mas, sim, como uma repreensão. Os elementos contextuais que contribuem para essa leitura são muitos e vão desde o conhecimento de gêneros textuais de modo geral e, particularmente, do gênero tirinha, até o que conhecemos sobre as relações entre chefes e subordinados, e as regras de polidez e preservação da face que subjazem a essas interações, passando por um conjunto de muitas outras suposições baseadas em conhecimentos diversos armazenados em nossa memória.

Levando em conta que o nosso objetivo neste livro é tratar da produção escrita, vamos abordar o contexto limitando-nos especificamente a essa modalidade. Como já é de nosso conhecimento, a escrita é um processo que exige do sujeito escritor atenção a uma série de fatores: tema, objetivo, sujeito leitor, gênero textual, seleção e organização das ideias de acordo com o tema e objetivo determinados. Além disso, destacam-se aspectos composicionais e estilísticos do gênero textual a ser produzido, pressuposição de conhecimentos partilhados com o leitor, a fim de garantir o equilíbrio entre informações novas e dadas, revisão da escrita durante e após a sua constituição para cortes, ajustes ou complementações, visto que o texto escrito, uma vez finalizado, ganha "independência" do seu autor/escritor.

A escrita assim concebida demanda, por parte do escritor, a mobilização de um vasto conjunto de conhecimentos (conhecimentos de mundo, de uso da língua, de práticas comunicativas). Em outras palavras, não se pode desenvolver bem uma produção escrita sem dar especial atenção aos aspectos contextuais.

Do cotexto ao contexto sociocognitivo: breves considerações

Mas o que é mesmo o contexto?

No quadro do desenvolvimento da Linguística Textual, o contexto foi concebido de diversas maneiras. Resumidamente, pontuaremos como a noção de contexto foi se configurando ao longo de pesquisas sobre o texto.

Na fase inicial da Linguística Textual, o **contexto** era visto **apenas** como **o ambiente ou entorno verbal**, ou seja, o *cotexto*, já que o texto era entendido como uma sequência ou combinação de frases, cuja unidade e coerência seriam obtidas por meio da reiteração dos mesmos referentes ou do uso de elementos de relação entre seus vários segmentos. De modo bem simplificado, apenas para exemplificar, em relação ao enunciado,

> **Pedro adora teatro. Ele quer ser ator.**

o contexto era considerado apenas do ponto de vista da informação precedente que favorecia ao leitor relacionar "Ele" a "Pedro". Nesse momento, o principal objetivo dos estudiosos era o estudo dos tipos de relação que poderiam ser estabelecidas entre os diversos enunciados de sequência significativa, razão pela qual ganharam atenção as relações referenciais (FÁVERO & KOCH, 1988) e as relações entre enunciados não ligados por conectores explícitos. No entanto, o estudo das relações referenciais limitava-se, em geral, aos processos correferenciais (quer anafóricos ou retrospectivos, quer catafóricos ou prospectivos).

Paralelamente, contudo, alguns pesquisadores começaram a se dedicar ao estudo do texto não como um produto acabado que poderia ser analisado sintática ou semanticamente, mas sim como forma de ação verbal sustentada por uma compreensão de língua como uma forma específica de comunicação social, da atividade verbal humana.

Tratava-se, pois, de uma virada provocada pela perspectiva da Pragmática, que passou a focalizar o estudo e a descrição dos atos de fala, isto é, as ações que os usuários da língua, em situações de interlocução, realizam por meio da linguagem, esta entendida como uma atividade intencional e social, visando a determinados fins.

Nesse cenário de estudos do texto concebido como o lugar de interação entre sujeitos sociais, não interessa verificar apenas as relações referenciais, mas descobrir os propósitos comunicativos, ou seja, o "para que" do texto. Com essa nova orientação, ganha destaque inicialmente **o contexto imediato** (participantes, local e tempo da interação, objetivo da comunicação e meio de propagação) e, posteriormente, **o contexto mediato** ou o entorno sócio-histórico-cultural.

Para entendermos um pouco melhor o contexto mediato, vamos tomar como exemplo a letra da música do Chico Buarque a seguir:

Doze Anos

Ai, que saudades que eu tenho
Dos meus doze anos
Que saudade ingrata
Dar banda por aí
Fazendo grandes planos
E chutando lata
Trocando figurinha
Matando passarinho
Colecionando minhoca
Jogando muito botão
Rodopiando pião
Fazendo troca-troca

Ai, que saudades que eu tenho
Duma travessura
Um futebol de rua
Sair pulando muro
Olhando fechadura
E vendo mulher nua
Comendo fruta no pé
Chupando picolé
Pé de moleque, paçoca
E disputando troféu
Guerra de pipa no céu
Concurso de pipoca

Fonte: BUARQUE, Chico. Ópera do Malandro, 1979.

Sabemos que Chico Buarque, na letra da música, evoca o tempo em que era um menino de doze anos, um período, segundo descrito pelo autor/compositor, marcado por algumas brincadeiras como matar passarinho, colecionar minhoca, jogar muito botão, rodopiar pião, jogar futebol na rua, comer fruta no pé, etc., etc.

Tratava-se de um tempo em que TV, computador ou *videogame* não ocupavam o espaço que têm hoje na vida das crianças, em especial, e as brincadeiras, em sua maioria, eram marcadas pelas "invencionices" dos meninos. Um quadro bem diferente daquele que vivenciam atualmente muitos garotos que vivem em centros urbanos onde predominam a abundância de prédios, a escassez de espaço para práticas de brincadeiras ao ar livre, a inexistência expressiva do verde.

Esses são alguns dos traços constitutivos do **contexto mediato** que servem de pano de fundo e, certamente, serão levados em conta se pensarmos em uma "tradução" do texto do Chico para o tempo em que vivemos hoje. Como pode ser produzida essa "versão"? São muitas as possibilidades como, por exemplo, a que se encontra configurada no texto a seguir, produzido por um garoto de 10 anos e que vem reforçar a importância de atentarmos para aspectos contextuais na produção textual. Vamos ao texto:

10 anos

Hoje, aos meus dez anos,
Videogame adoro jogar,
De bola amo brincar e o
Site de bate-papo gosto
De olhar.

Figurinhas adoro trocar,
Músicas gosto de escutar,
A TV amo acompanhar e
Com minha cachorrinha vou passear.

No cinema adoro ver,
Filmes em 3D.
No computador não posso ficar,
Sem meus joguinhos de guerrear.

Gosto de tocar violão e chicletes
Adoro mascar,
O São Paulo amo ver jogar e
Vou isso sempre achar.

Fonte: João Marcelo da Silva Elias, 4ª série, Colégio Madre Alix.

Como vimos, a noção de contexto foi se reconfigurando ao longo dos estudos sobre o texto. Se, de início, aludia apenas ao elemento linguístico ou interno ao texto, posteriormente, passou também a incorporar aspectos extralinguísticos: participantes, tipos de atividades realizadas, quadro espacio-temporal, aspectos sociais, históricos e culturais envolvidos na troca comunicativa.

Entretanto, levando em conta que:

- os sujeitos se movem no interior de um tabuleiro social, que tem suas convenções, suas normas de conduta e que lhes impõe condições, estabelece deveres e lhes limita a liberdade;
- toda e qualquer manifestação de linguagem ocorre no interior de determinada cultura, cujas tradições, cujos usos e costumes, cujas rotinas devem ser obedecidas e perpetuadas,

aos poucos, outro tipo de contexto passou a ser descrito no interior da Linguística Textual: **o contexto sociocognitivo**. Nessa acepção, que vigora atualmente nos estudos sobre o texto, no campo de investigação em que nos situamos, o contexto abrange não só **o cotexto**, como **a situação de interação imediata**, **a situação mediata (o entorno sociopolítico-cultural)** e também **o contexto sociocognitivo dos interlocutores** que, na verdade, subsume os demais, pois engloba todos os tipos de conhecimentos arquivados na memória dos sujeitos sociais (KOCH, 2002).

Ilustrativamente, para pensarmos um pouco o contexto na visão anteriormente descrita, vamos ler a tirinha a seguir:

Fonte: *Folha de S.Paulo*, 21 jun. 2008.

Quem produziu a tirinha, o fez de modo a explicitar no cotexto elementos linguísticos: *fotocópia autenticada do RG e CPF* (**quadro 1**) e *comprovante de residência em duas vias* (**quadro 2**) que ancoram a classificação do show como "burocrático".

Do ponto de vista do **contexto imediato**, podemos dizer que é configurado pelas personagens em um quadro espacio-temporal de presença em um show musical e regras que regem essa atividade de interação na situação circunscrita.

Do ponto de vista do entorno histórico-cultural ou do **contexto mediato**, quem produziu a tirinha levou em conta o que é conhecido e esperado que tematicamente faça parte do repertório de um artista em um show musical em uma cultura como a nossa, por exemplo.

Ainda é esperado do autor da tirinha que leve em conta seus leitores, pois, para que duas ou mais pessoas possam compreender-se mutuamente, é preciso que seus **contextos sociocognitivos** sejam, pelo menos, parcialmente semelhantes. Em outras palavras, seus conhecimentos (enciclopédico, sociointeracional, procedural, textual, etc.) devem ser, ao menos em parte, compartilhados.

Nesse sentido, em sua produção, o autor ativa conhecimento que tem sobre o gênero textual tirinha e seu propósito comunicativo – provocar o humor a partir da ruptura do que é comumente esperado na situação em foco – esperando que o leitor ative conhecimentos linguísticos e enciclopédicos (associar *fotocópia autenticada do RG e CPF* (**quadro 1**) e *comprovante de residência em duas vias* (**quadro 2**) a *burocrático* (**quadro 3**)).

Considerando que burocrático é um adjetivo atribuído ao modo de administração da coisa pública marcado por regulamento rígido e rotina inflexível, o adjetivo usado pelo produtor para caracterizar o show parece-nos à primeira vista "incompatível" com o modelo que temos de show musical, evento artístico.

Isso nos permite afirmar, com base em VAN DIJK (1992), que, ao produzir um texto, o produtor estará focalizando sua atenção em propriedades específicas da situação, as quais devem ser relevantes para propiciar ao leitor pistas para uma interpretação adequada tanto do significado/referente quanto das intenções/objetivos pragmáticos de quem o produziu.

Assumir tal posicionamento não quer dizer que devamos ver o contexto como um elemento que determina a produção do texto, mas, isto sim, como um componente que orienta a produção, e que é modelado e remodelado à medida que o texto avança.

Para termos uma ideia de como ocorre a configuração/reconfiguração do contexto no curso da atividade interacional, a leitura da tirinha a seguir é um exercício esclarecedor, se considerarmos que o contexto que orientou a produção dos dois primeiros enunciados – e que foi também constituído por essa produção – é transformado pelo enunciado do terceiro e último quadro. Em outras palavras, podemos dizer que: o contexto deve ser concebido em seu aspecto processual no plano da produção discursiva.

Fonte: *Folha de S.Paulo*, 27 jun. 2008.

Do que foi discutido, vale ressaltar que:

- os componentes do contexto intervêm na comunicação sob a forma de saberes ou modelos cognitivos (*frames*, esquemas);
- o contexto não apenas condiciona o discurso como o transforma;
- o contexto é construído e reconstruído no decorrer da atividade discursiva;
- o contexto é um **conjunto de suposições** que, no caso da escrita, são levantadas pelo sujeito-produtor, levando-se em conta pressuposições sobre os leitores e seus conhecimentos.

Nessa perspectiva, as relações entre informação explícita e conhecimentos pressupostos como partilhados podem ser estabelecidas por meio de estratégias de "sinalização textual", por intermédio das quais o produtor/escritor, por ocasião do processamento textual, orienta o leitor a reconstruir o contexto em que se deu a produção do texto em questão.

Funções do contexto

Por que o produtor de um texto deve dar especial atenção ao **contexto**?

A questão pode parecer indevida, já que não se pode falar em texto sem contexto, não é mesmo?! Em nosso entendimento, não se pode mesmo falar em texto sem contexto, isso porque, na concepção sociocognitiva e interacional de linguagem que perpassa a nossa obra, toda e qualquer atividade textual escrita (e também oral), é um acontecimento regido por fatores linguísticos, pragmáticos, sociais, históricos, cognitivos e interacionais.

Sinteticamente, poderíamos dizer que:

- quem escreve o faz sempre para alguém (amigo, parente, namorado, funcionário, professor, aluno, nós mesmos) de modo a levar em conta, nessa atividade, o "histórico" que possui sobre o interlocutor;
- quem escreve o faz guiado por um objetivo (um desabafo, uma solicitação, uma explicação, a defesa de um ponto de vista, uma instrução, uma retificação, etc.);
- quem escreve o faz com base em um conjunto de conhecimentos (ver **capítulo 2**), tanto é assim que não se pode produzir qualquer texto de qualquer forma em qualquer situação. Para a troca comunicativa imaginada, é esperada a "escolha" do gênero textual (um e-mail, um requerimento, uma carta, um artigo de opinião, um manual de instrução, uma lista) em adequação ao contexto, dentre outros ingredientes a serem levados em conta, segundo os quais vamos construindo e reconstruindo a nossa escrita, palavra por palavra, sem que isso signifique que o sentido pretendido emerge da soma de palavras em frases e parágrafos, mas, sim, que os elementos linguísticos presentes na materialidade do texto funcionam como importante orientação para que nós ultrapassemos o plano da linearidade, do visivelmente colocado, e mergulhemos nos "segredos do texto", na sua implicitude.

De fato, a nossa intenção é justamente chamar a atenção, especialmente daquele que realiza uma atividade de escrita, para os fatores contextuais, pois, quanto mais estivermos conscientes de sua relevante função, mais chances teremos de sucesso em nosso empreendimento interacional. Isso porque o contexto:

- **possibilita avaliar o que é adequado ou não adequado do ponto de vista dos modelos interacionais construídos culturalmente.**

Em relação ao **texto 1** a seguir, avaliamos como adequados os comentários produzidos, respectivamente, pela criança e por um crítico de arte sobre o objeto em foco nos quadrinhos 1 e 2, com base em nosso contexto sociocognitivo. Também é esse contexto que, em relação ao **texto 2**, nos diz que aqueles que participam de uma passeata contra a concentração de renda e discriminação social não devem ostentar luxo, riqueza. A "quebra" em relação ao que é esperado possibilita a constituição de um novo contexto e, no caso desse nosso exemplo, do propósito final da charge, que é revelar uma crítica a fatos comumente relacionados à política. Vamos aos textos:

Texto 1

Fonte: *Folha de S.Paulo*, 4 ago. de 2008.

Texto 2

– Querida, você está um luxo! Aonde vamos?
– Participar de uma passeata contra a concentração
de renda e a discriminação social!

Fonte: *Folha de S.Paulo*, 21 ago. 2007.

- **possibilita pôr em saliência o tópico discursivo e o que é esperado em termos da continuidade temática e progressão textual.**

Na tirinha a seguir, é a resposta do Calvin em relação a um outro tópico que não aquele posto cotextualmente em evidência que causa o efeito de humor. Vejamos:

Fonte: *O Estado de S.Paulo*, 23 de maio 2007.

- **possibilita a produção de inferências e de sentido**.

Caso contrário, como compreender a tirinha a seguir? É o contexto que possibilita a relação entre o verbal e não verbal, na produção do humor e do sentido.

Fonte: *Folha de S.Paulo*, 9 jul. 2008.

- **possibilita explicar ou justificar o que foi dito**.

Em nosso exemplo a seguir, chama a atenção a pergunta "o que vai passar na TV nesse dia?" apresentada no último quadrinho em "resposta" a um convite para participar de um jantar de agradecimento a Charlie Brown. Considerando o que foi linguisticamente constituído nos três quadrinhos anteriores, o socialmente esperado em situações como essa, o histórico interacional existente entre as personagens e o implícito subjacente à pergunta, – pode-se justificar a pergunta aparentemente descabida: o convite não foi aceito ou será aceito se e se somente não houver outra programação mais interessante.

Fonte: *O Estado de S.Paulo*, 16 ago. 2007.

- **possibilita explicar ou justificar o que é dito e o que não deve ser dito**, conforme demonstrado, a título de exemplificação, na tirinha a seguir:

Fonte: *Folha de S.Paulo*, 12 abr. 2007.

Fatores de contextualização

Um dos requisitos básicos para a produção de todo e qualquer texto é a contextualização, ou seja, sua ancoragem em dada situação comunicativa, no interior de determinada prática social, tendo em vista o lugar e o momento da interação, os participantes e suas particularidades, os objetivos a serem alcançados.

Para tanto, dispomos de um conjunto de fatores de contextualização (Marcuschi, 1983; Fávero & Koch, 1983; Koch & Travaglia, 1989, 1990), que, segundo Marcuschi, são de dois tipos: **contextualizadores propriamente ditos** e **perspectivos ou prospectivos**.

Entre os primeiros, que ajudam a ancorar o texto numa situação comunicativa e contribuem, assim, para o estabelecimento da coerência, estão:

data, **local**, **assinatura**, **elementos gráficos** (nos jornais, disposição na página, caderno em que se inserem, ilustrações), **o suporte** que os veicula (tipo de jornal, de revista, etc.).

Em relação ao nosso exemplo a seguir, funciona como contextualização o conhecimento que temos desse tipo de produção e a sua veiculação em cadernos (Ilustrada) de jornais (*Folha de S.Paulo*) voltados para temas relacionados à cultura, humor e lazer. Além da data e local de produção/veiculação da tirinha no jornal, destacam-se como contextualizadores o local e a data especificados quadro a quadro, pois são importantes pistas que o produtor oferece ao leitor para que este produza sentido.

Fonte: *Folha de S.Paulo*, s/d.

Há gêneros em que esses fatores são absolutamente imprescindíveis, como é o caso de cartas, bilhetes, telegramas, documentos (nestes, também timbre e carimbo são fatores de contextualização, já que, em documentos oficiais, garantem a fé pública). Imagine-se uma carta escrita no Brasil – datilografada ou em letras de forma – para alguém que se encontra no exterior, sem data, local e assinatura, dizendo o seguinte:

> Hoje o dia aqui está bonito. Aquela nossa vizinha do primeiro andar acaba de sair em roupas de banho, para ir à piscina. Meu cachorro está doente, preciso levá-lo ao veterinário que você conhece. Não se esqueça de escrever ainda nesta semana para aquele senhor que mora na fazenda. Um abraço.

Seria bastante difícil para o destinatário saber de onde vem a carta, quando foi escrita, quem a escreveu e de que objetos de discurso se trata. Em outras palavras, seria complicado para o leitor estabelecer a coerência textual.

Ou, então, imaginemos a notícia a seguir, sem a possibilidade de contextualizar a informação contida no primeiro enunciado:

> **HISTÓRIA**
> **Arqueólogo acha 1º texto hebraico**
> Arqueólogos de Israel disseram **anteontem** ter encontrado o texto hebraico mais antigo, ao escavarem uma fortaleza perto do vale onde Davi teria matado Golias. O texto, de cinco linhas, gravado em um pedaço de cerâmica, foi datado em 3.000 anos – é mil anos mais velho que os manuscritos do Mar Morto – e ainda não foi completamente decifrado. Algumas das palavras identificadas foram "rei", "escravo" e "juiz". Segundo Yosef Garfinkel, da Universidade Hebraica, o achado pode ajudar a entender o reinado de Davi.

Fonte: *Folha de S.Paulo*, 1º nov. 2008.

No caso, essa possibilidade não existe, porque resgatamos a referência de "anteontem" baseados na data de veiculação da notícia no jornal.

Os **fatores prospectivos** são os que permitem avançar expectativas sobre o conteúdo, o estilo, enfim, o teor do texto, como é o caso de título, autor, fórmulas iniciais, etc.

O **título** é, sem dúvida, o primeiro desencadeador de perspectivas sobre o texto, que vai servir de fio condutor para as inferências que o leitor terá de fazer. Um título bem dado prepara o leitor para o que vai encontrar no texto, ativa na sua memória conjuntos de conhecimentos necessários para a compreensão (*frames*, esquemas), permite-lhe fazer previsões, levantar hipóteses, que, na sequência da leitura, vão ser testadas, confirmando-se ou não: isso porque existem títulos despistadores, intencionalmente ou não, principalmente em produções de publicitários ou humoristas.

Um caso de título casualmente despistador é o conhecido exemplo do livro *Raízes do Brasil*, que, segundo consta, teria sido encontrado, em uma biblioteca, no setor de botânica. No caso, faltaram à bibliotecária os conhecimentos necessários a respeito do autor da obra e de seu ramo de atuação.

Também podemos dizer que, não raro, o título aparece em algumas produções como objeto de reflexão ou a que se faz menção, acentuando-se a sua função contextualizadora, como acontece nos textos:

Texto 1

Fonte: *O Estado de S.Paulo*, 27 ago. 2008.

Texto 2

Fonte: *O Estado de S.Paulo*, 18 fev. 2006.

Quanto aos **temas**, uma questão que é preciso sempre ter em mente é que o produtor do texto não tem como escrever sobre coisas que absolutamente desconhece; isto é, por não possuir os conhecimentos prévios necessários para tanto, falta-lhe o contexto em que possa situar o tema e, dessa forma, extrair as informações necessárias.

Para ilustrar que a determinação do tema é um aspecto que deve merecer especial atenção do professor nas aulas de produção escrita, visto que não se escreve sobre aquilo que não se conhece, selecionamos três textos.

O **texto 1** a seguir traz em sua constituição um comentário sobre como é difícil escrever uma redação de mil palavras sobre "sentar".

Texto 1

Fonte: *O Estado de S.Paulo*, 20 jan. 2006.

O **texto 2** e o **texto 3**, este último intitulado "Autóctone", de Luiz Fernando Veríssimo, publicado na revista *Nova Escola*, trazem, de maneira bem-humorada, uma mensagem importante para todos os que lidam com o ensino da escrita. Vejamos:

Texto 2

Fonte: *O Estado de S.Paulo*, 2 fev. 2008.

Texto 3

Autóctone
A menina atirou o lápis sobre o caderno e ficou olhando para a rua. Era um belo dia de outono e ela precisava escrever uma composição com a palavra "autóctone". Era um dia perfeito de outono e ela precisava ficar ali e escrever uma composição com a palavra autóctone. E para o dia seguinte. Autóctone.
Aquilo não era uma palavra, era um empacamento. Um solavanco verbal. Uma frase com "autóctone" devia ter avisos desde o começo, como os que colocam nas estradas antes de curvas perigosas ou defeitos na pista: "Cuidado, autóctone adiante". Quem chegasse a "autóctone" sem estar preparado arriscava-se a capotar e cair fora do texto. "Autóctone" era uma ameaça para leitor desavisado. "Autóctone" devia ser proibido. Ainda mais num dia de outono.
O que queria dizer "autóctone"?
Autóctone, autóctone...
Aurélio!
Autóctone. (Do gr. "autóchton" pelo lat. "autochtone". Adj. 2 g.) 1. Que é oriundo da terra onde se encontra...
Meu Deus, pensou a menina. Eu sou uma autóctone! Vivi todo este tempo sem saber que era uma autóctone. Era melhor não saber. Agora vou passar pelos outros com cara de autóctone.
– Minha filha – diria a sua mãe. – Que cara é essa?
Cara de autóctone. Não ia poder disfarçar. Confessaria para a sua melhor amiga, a Maura.
– Descobri uma coisa horrível a meu respeito.
– O quê? Conta!
– Eu sou um autóctone.
– Não!
– Sou.
– E isso pega?
– Não faz diferença. Você também é uma autóctone.
– EU?
Mas depois de descobrir o que era "autóctone" Maura daria um pulo de alegria, a nojenta.
– Eu não sou. Eu não nasci aqui!
A menina faria a amiga jurar que não contaria para ninguém que ela era uma autóctone.
Autóctone.
Como é que alguém podia usar aquela palavra numa frase? Uma pessoa nunca mais era a mesma depois de dizer "autóctone". A vida terminava de um lado e começava do outro lado da palavra "autóctone". A menina suspirou. O dia ficava cada vez mais lindo e a folha de caderno à sua frente ficava cada vez mais vazia. Autóctone. Um cachorro oriundo da terra em que se encontrava, seria um au-autóctone?

> Que bobagem. Precisava pensar. Precisava encher a folha do caderno. Teve uma ideia. Escreveu:
> "A pessoa pode ser autóctone ou não autóctone, dependendo do lugar onde estiver".
> Leu o que tinha escrito e depois acrescentou: 'Tem gente que emigra só para não ser autóctone".
> Depois apagou tudo. A professora, obviamente, queria uma composição a favor de "autóctone", não contra.
> Começou outra vez:
> "Nós, os autóctones..."

Fonte: VERÍSSIMO, Luis Fernando. Revista *Nova Escola*, jun. 1990.

Outro **fator prospectivo** é o **nome do autor**. Dependendo dos conhecimentos que tenhamos a respeito dele, poderemos fazer previsões não só quanto ao estilo do texto, à seleção lexical, mas também sobre como será tratado o tema, sentindo-nos, inclusive, conforme nossas preferências, predispostos a ler o texto ou não.

O início do texto, por sua vez, quando formulaico (Era uma vez...; Por este instrumento particular...; Vistos e relatados os presentes autos...; Você conhece a do...), nos dá informações sobre o gênero a que o texto pertence e se constitui em importante aspecto contextualizador de caráter prospectivo.

Focalização

A **focalização** é uma das mais importantes formas de contextualização. Ela leva os interlocutores a se concentrarem em apenas uma parte de seu conhecimento a respeito de determinado tema, com base na perspectiva sob a qual são enfocados os componentes do mundo textual. É como uma câmara cinematográfica que joga sua luz sobre determinado recorte do contexto.

Apenas como ilustração do que acabamos de dizer, vamos ler a tirinha:

> "REDAÇÃO: UMA VIAGEM AO CAMPO". "FOMOS ATÉ O CAMPO DE ÔNIBUS". "O FAZENDEIRO ERA LEGAL". "NÓS VIMOS MUITOS BOIS E MUITAS VACAS". "CHOVEU E FICAMOS TODOS MOLHADOS".

Fonte: *O Estado de S.Paulo*, 2 out. 2005.

Embora não desconsideremos o efeito de humor da produção, e embora a tirinha também nos possibilite uma reflexão sobre a prática da redação na escola (sobre o que se pede que os alunos escrevam), queremos chamar a atenção para a atividade de escrita desenvolvida com base no tema da redação proposto no primeiro balão: "uma viagem ao campo".

Após a definição do tema, notamos os "recortes" feitos nos balões seguintes: meio de transporte (balão 2), pessoa e animais do campo (balões 3 e 4), "imprevisto" (balão 5). É como se o produtor nos dissesse: a nossa história é sobre uma viagem ao campo. E, sobre a viagem, vamos focalizar: primeiro, a viagem e meio de condução; depois, a chegada ao campo e o encontro com o fazendeiro; em seguida, os animais do campo; por fim, o imprevisto. Como vemos, a **focalização** tem importante função: mantém a atenção de quem escreve no tópico a ser desenvolvido, contribuindo para a coerência textual.

É isso que acontece quando procedemos à **delimitação do tema**. A partir de um **título** de caráter bem geral, delimita-se um espaço dentro do qual o assunto será tratado, como vimos no exemplo discutido anteriormente.

Diferentes focalizações entre autor e leitor são frequentemente responsáveis por problemas de compreensão, pois um mesmo texto, dependendo da focalização, pode ser lido de maneiras diferentes. A título de demonstração, selecionamos os textos a seguir:

Texto 1

Fonte: *Folha de S.Paulo*, s/d.

Texto 2

Um dia horrível

Acordei às oito da manhã de hoje.
Escovei os dentes. Coloquei o terno.
Tomei o café de sempre. Fui para
o trabalho. Papéis. Assinaturas.
Comprovantes. Carimbo. Dois telefonemas.
Almoço. Voltei às 13h30. Reunião.
Cafezinho. Fax. Problema. Solução.
Cliente. E-mail. Fim do expediente.
Aula de inglês. Cheguei em casa.
Meu filho ainda não tinha dormido.
Faltou luz. Tivemos que acender a lareira.
Jantei com a minha esposa.
Só fui dormir às três da manhã.

Um dia maravilhoso

Acordei às oito da manhã de hoje.
Escovei os dentes. Coloquei o terno.
Tomei o café de sempre. Fui para
o trabalho. Papéis. Assinaturas.
Comprovantes. Carimbo. Dois telefonemas.
Almoço. Voltei às 13h30. Reunião.
Cafezinho. Fax. Problema. Solução.
Cliente. E-mail. Fim do Expediente.
Aula de inglês. Cheguei em casa.
Meu filho ainda não tinha dormido.
Faltou luz. Tivemos que acender a lareira.
Jantei com minha esposa.
Só fui dormir às três da manhã.

CVV. Há 35 anos ajudando as pessoas a ver a vida por um ângulo diferente.

Fonte: *31º anuário de criação* – CCSP.

Texto 3

De direitos e renúncias

SÃO PAULO – Você certamente já ouviu ou leu recomendações como estas: "Fique calmo e não corra"; "deixe suas mãos visíveis"; "não faça movimentos bruscos".
Lembra? Claro. São as recomendações da polícia para o caso de você trombar com bandidos. Agora, saiu uma nova versão. As recomendações são as mesmas, mas servem para o inverso, ou seja, para o caso de você trombar com a polícia. Constarão de 1 milhão de folhetos a serem distribuídos por meio da Secretaria Especial de Direitos Humanos do governo federal. Há na iniciativa dois problemas.
Primeiro: equipara policiais a bandidos, como agentes a serem igualmente temidos. Pior: reforça a incontrolável tendência do poder público brasileiro, em todos os seus níveis, de fugir dos problemas, pedindo aos cidadãos que se eduquem para renunciar a direitos. Menos mal que Rosiana Queiroz, coordenadora nacional do Movimento Nacional de Direitos Humanos, leu corretamente a iniciativa: "A modificação de uma abordagem policial depende de repensar a polícia, sua estrutura, a concepção militaresca, a forma de selecionar policiais, formá-los, orientá-los e dar um bom salário a eles". Mais: "Precisa fazer uma investigação sobre quais policiais estão envolvidos com o crime organizado", disse Rosiana a Eduardo Scolese, da *Folha*. Bingo. Pena que a tese de Rosiana seja muito difícil e trabalhosa para implementar. E o poder público foge de tudo o que é difícil. Já que não pode educar policiais a respeitar normas de conduta e direitos individuais básicos, trata de educar o público a não irritar policiais. Como tampouco pode educar/prender/punir bandidos, educa a população a não reagir a eles.
Ou seja, educa-a a renunciar a bens e ao direito de ir e vir, sob pena de perder ambos e mais a vida. É um país muito medíocre.

Fonte: ROSSI, Clóvis. De direitos e renúncias. *Folha de S.Paulo*, 25 mar. 2008.

No **texto 1**, o produtor da tirinha "representou" o efeito da **focalização** na atividade da leitura e produção de sentidos, a fim de provocar o humor.

O **texto 2** é um anúncio do CVV (Centro de Valorização da Vida), um serviço voluntário de apoio emocional gratuito que funciona 24 horas por dia, todos os dias, e atua na prevenção do suicídio e valorização da vida. O anúncio é composto por um texto que pode ser lido como "Um dia horrível" ou "Um dia maravilhoso", dependendo do estado de ânimo do leitor. Além do título, a mudança da cor é um recurso contextualizador importante que atua na focalização pretendida, ressaltando a atuação do Centro na passagem de um estado de ânimo marcado pela negatividade para um outro que poderíamos denominar "de bem com a vida", informalmente.

Por fim, o **texto 3**, um exemplar de artigo de opinião publicado em jornais, vem sublinhar o estranhamento causado pela mudança de focalização: as recomendações de "Fique calmo e não corra"; "deixe suas mãos visíveis"; "não faça movimentos bruscos", para o caso de trombarmos com a polícia e, não mais com bandidos, conforme se orientava há algum tempo.

Inclusive, um mesmo vocábulo pode variar de sentido conforme a focalização dada ao tema. Daí se depreende a importância de uma **seleção lexical** adequada não só ao gênero, mas também ao recorte efetuado por meio da focalização. As palavras, no dicionário, encontram-se em forma pura, fora de contexto. Embora apareçam vários sinônimos para cada vocábulo, eles não são livremente intercambiáveis, pois nem todos são adequados à focalização dada ao tema – e ao contexto em geral, é claro. Na tirinha a seguir, o produtor provoca o efeito de humor ao apresentar para a palavra "polida" um sentido não condizente com a **focalização** proposta. Vejamos:

Fonte: *O Estado de S.Paulo*, 30 nov. 2007

MARCUSCHI (1991), ao estudar os *verbos introdutores de opinião*, mostrou a importância da seleção desse tipo de verbos na construção da proposta de sentido pelo produtor do texto. Ao apresentar sua proposta, escreve o autor:

> Mais do que mostrar que a neutralidade é impossível, tentarei analisar como a parcialidade se dá na introdução do discurso alheio, seja como interpretação, seleção ou avaliação. Quanto à seleção, não se trata da escolha de tópicos a reproduzir, mas da seleção dos verbos usados. Como pressuposto de trabalho, parto da premissa de que apresentar ou citar o

pensamento de alguém implica, além de uma oferta de informações, também uma certa tomada de posição diante do exposto. Assim, a avaliação linguística terá **um caráter não meramente estilístico**, mas sobretudo interpretativo e avaliativo. O mais notável é que isso se processa através do instrumento linguístico usado e não mediante uma interpretação explícita paralela. Não me refiro, portanto, aos comentários; refiro-me tão-somente às palavras que introduzem opiniões alheias com pretensão de felicidade ao pensamento do autor.

O mesmo se pode dizer, evidentemente, dos nomes selecionados para qualificar metadiscursivamente uma ação ou atividade de linguagem, ou um processo cognitivo-discursivo que se atribui a uma pessoa mencionada no texto, bem como para ironizar, contestar, distanciar-se de algo que foi dito.

Também Van Dijk, em diversos de seus trabalhos sobre o discurso jornalístico (por exemplo, 1988a e 1988b), tem mostrado diferenças ideológicas na seleção de termos deste tipo, conforme a pessoa ou o grupo a quem se atribui uma fala ou cuja fala se transcreve. Enquanto membros de uma elite (política, cultural, econômica ou outra qualquer) *asseveram, expõem, argumentam, refletem, ponderam, constatam, determinam, evidenciam* e assim por diante, os membros de minorias apenas *falam, dizem, depõem, negam, mentem*. Dessa forma, quando se rotula e qualifica a fala dos primeiros, atribuem-se-lhes *asserções, constatações, exposições, reflexões, explicações, ponderações, confirmações, comentários;* ao passo que os enunciados dos segundos são qualificados simplesmente como *afirmações, negativas, falas, respostas* ou, no máximo, como *declarações, confissões* ou *recusas*.

* * *

As considerações feitas neste capítulo salientam a importância de considerarmos adequadamente os aspectos contextuais no ensino da produção textual. Isso porque, na acepção atual, o contexto diz respeito a todos os tipos de conhecimentos que temos na memória e a que recorremos em nossas práticas interacionais para entendermos e nos fazermos entendidos. Nas palavras de Kerbrat-Orecchioni (1996: 41-42), citadas por Marcuschi (2007: 62): o contexto é "um conjunto de dados de natureza não objetiva, mas cognitiva", que se acham interiorizados pelos interlocutores e mobilizáveis sempre que necessário no ato da enunciação.

5
Escrita e intertextualidade

A intertextualidade tem merecido a atenção de muitos pesquisadores que buscam investigar as relações estabelecidas entre textos na atividade de leitura e produção de sentido (Koch, Bentes & Cavalcante, 2007; Koch, 2004; Koch & Elias, 2006).

Menos comum, porém, é a abordagem do tema do ponto de vista do escritor. Essa será justamente a perspectiva a ser adotada neste capítulo, tendo em vista o "manuseio" de textos ou as "complexas performances intertextuais" (Bazerman, 2006: 103) que o escritor realiza no ato da escrita, muitas vezes, sem se dar conta disso.

Intertextualidade: definição

Todos nós já conhecemos o princípio segundo o qual todo texto remete sempre a outro ou a outros, constituindo-se como uma "resposta" ao que foi dito ou, em termos de potencialidade, ao que ainda será dito, considerando que a intertextualidade encontra-se na base de constituição de todo e qualquer dizer.

Em sentido restrito, todo texto faz remissão a outro(s) efetivamente já produzido(s) e que faz(em) parte da memória social dos leitores. Como exemplo, leiamos os textos:

Texto 1

Fonte: *O Estado de S.Paulo*, 11 fev. 2006.

Texto 2

Fonte: *Folha de S.Paulo*, 10 maio 2008.

Texto 3

> Nessa terra tem palmeiras,
> Mas não canta o sabiá.
> (Canta íbis e águias.)
> A cidade é rodeada de muralhas,
> Que têm quase mil anos.
> Pra lá de Marrakech, fica o deserto.
> Pra lá do deserto, montanhas cobertas de neve.
> Vê se tudo num relance:
> Palmeiras, muralhas, deserto, montanhas.
> Nas ruas, quase tudo é branco,
> Ou cor de tijolo.
> Faz sempre o maior zum-zum-zum
> Nos mil mercados.
> Banquinhas de comida, na praça,
> Ficam apinhadas de gente.
> Os bares com mesinhas na calçada também.

Fonte: NESTROVSKI, Arthur. *Viagens para lugares que eu nunca fui*. São Paulo: Companhia das Letrinhas, 2008.

Qual o texto que se encontra na base das produções textuais anteriores? Sem sombra de dúvida, identificamos com facilidade o texto a que os respectivos autores fazem remissão. Trata-se do poema de Gonçalves Dias intitulado "Canção do exílio" que reproduzimos a seguir para realçar o quanto deste se encontra naqueles, constituindo o fenômeno da intertextualidade.

> Minha terra tem palmeiras,
> Onde canta o Sabiá;
> As aves que aqui gorjeiam,
> Não gorjeiam como lá.
>
> Nosso céu tem mais estrelas,
> Nossas várzeas têm mais flores,
> Nossos bosques têm mais vida,
> Nossa vida mais amores.
>
> Em cismar, sozinho, à noite,
> Mais prazer encontro eu lá;
> Minha terra tem palmeiras,
> Onde canta o Sabiá.
>
> Minha terra tem primores,
> Que tais não encontro eu cá;
> Em cismar – sozinho, à noite –
> Mais prazer encontro eu lá;
> Minha terra tem palmeiras,
> Onde canta o Sabiá.
>
> Não permita Deus que eu morra,
> Sem que eu volte para lá;
> Sem que desfrute os primores
> Que não encontro por cá;
> Sem qu'inda aviste as palmeiras,
> Onde canta o Sabiá.

Fonte: DIAS, Gonçalves. Canção do exílio. In: *Primeiros cantos*, 1847.

Como no caso dos exemplos anteriores, não teremos dificuldade de reconhecer o texto-origem de que se valeu o autor para produzir o enunciado *Quem tem boca desdentada vai à Molvânia* em destaque no anúncio a seguir:

Fonte: Revista Piauí, n. 13, 2007.

Na produção do anúncio, do enunciado *Quem tem boca desdentada vai à Molvânia* tem sua origem no tão bem conhecido ditado "Quem tem boca vai a Roma". É um caso de produção intertextual denominada *détournement* (GRÉSILLON & MAINGUENEAU, 1984), visto que o produtor realizou duas operações em relação ao texto-fonte: um acrésci-

Termo que, na falta de uma tradução que nos pareça satisfatória, preferimos manter no original. Segundo GRÉSILLON e MAINGUENEAU (1984), "o *détournement* consiste em produzir por meio de adições, subtrações, substituições etc, um enunciado que possui as marcas linguísticas de uma enunciação proverbial, mas que não pertence ao estoque de provérbios conhecidos".

mo (no caso, da palavra "desdentada") e uma substituição (no caso, de "Roma" para "Molvânia").

Considerando que a manipulação que o produtor do texto opera sobre o texto alheio é um recurso muito usado, por exemplo, na publicidade, no humor, na canção popular, bem como na literatura, KOCH (2004) defende que as alterações/adulterações em textos-fonte podem ocorrer em práticas comunicativas diversas como anúncios, slogans, títulos de filmes ou de textos literários, poemas, charges, tiras, e não apenas em provérbios, subsumindo grande parte dos casos de intertextualidade implícita.

Vejamos mais exemplos de produção intertextual que constituem (em acepção alargada tal como proposta por KOCH), casos de *détournement*.

TEXTO 1

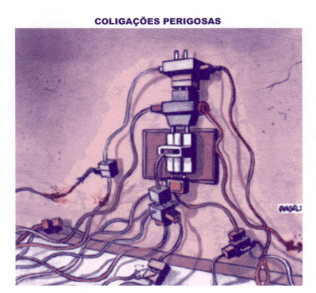

Fonte: *Folha de S.Paulo*, 2 ago. 2008.

Certamente, o autor da charge produziu o enunciado "coligações perigosas" em alusão ao título do texto-livro e do filme *Ligações Perigosas*. Em relação a essa produção, podemos dizer que "coligações perigosas" deriva do enunciado "ligações perigosas" e este é pressuposto pelo produtor como parte do conhecimento compartilhado com o leitor, que deverá ser ativado no momento da leitura para a compreensão do que está sendo proposto.

Texto 2

Fonte: *Folha de S.Paulo*, 13 set. 2008.

Texto 3

Fonte: NOGUEIRA, Wellington (coord.). *Revistuário da alegria*. São Paulo: Citibank, 2007.

Também na produção dos **textos 2** e **3**, não há explicitação da fonte, mas o produtor espera que o texto-base *O ministério da saúde adverte: fumar faz mal à saúde* faça parte da memória social do leitor, podendo, assim, ser facilmente recuperado.

De fato, no papel de leitor, facilmente identificamos o texto-fonte, porque faz parte da nossa memória social, e as alterações realizadas pelo sujeito produtor que resultaram nos textos referidos.

No entanto, dizer que os textos foram produzidos com base no texto-fonte *O ministério da saúde adverte: fumar faz mal à saúde* não significa dizer que o resultado das alterações aponte para a mesma orientação argumentativa.

No **texto 2**, o sujeito produtor realiza uma alteração no enunciado-fonte ou, no dizer de KOCH, BENTES e CAVALCANTE (2007), uma "retextualização", solicitando do leitor que não apenas recupere o texto-fonte, mas perceba a orientação argumentativa construída a partir dele e em adesão a ele, constituindo um caso de "captação" (Grésillon & Maingueneau, 1984). Também nos chama a atenção o fato de que ambos os enunciados estão situados no enquadre "o que faz **mal** à saúde", no caso: "fumar" (texto-fonte) e "envelhecer" (intertexto).

No **texto 3**, o sujeito produtor também promove uma alteração no enunciado-fonte, mas, diferentemente do **texto 2**, propõe um novo enquadre "o que faz **bem** à saúde". Utiliza-se, portanto, o texto-fonte para alterar/inverter seu sentido, para contradizê-lo ou para desautorizá-lo. Há, no caso, uma mudança na orientação do texto-fonte, a que Grésillon & Maingueneau (1984) denominam **subversão**.

Com essas observações, chamamos a atenção para o fato de que, no processo intertextual, o produtor não só sinaliza para o leitor a que textos faz remissão, como também – e principalmente – o que pretende com a atividade intertextual.

Como vimos, o produtor revela na composição do intertexto um viés argumentativo que se situa na mesma direção ou em direção contraria à do texto-fonte e essa é uma das funções, dentre outras, que se destacam quando recorremos a outro texto para produzirmos o nosso.

Essa discussão toda chama-nos a atenção para o modo por meio do qual o produtor (des)vela a intertextualidade e os efeitos pretendidos. É disso que trataremos a seguir.

Modos de constituição da intertextualidade

Se é comum àquele que produz um texto, algumas vezes, a **não-explicitação** da fonte do texto citado, também é muito comum, outras vezes, a explicitação da fonte. Nesse caso, estamos diante de uma **intertextualidade explícita**, que se justifica ou porque o produtor considera que o leitor talvez desconheça o texto de origem e, assim sendo, quer lhe dar a informação para posterior consulta/verificação, ou porque quer chamar a atenção não só para o que foi dito, como também para quem o produziu.

Nesse conjunto, podemos inserir o texto "Reparto com você o que não é meu", de Ferreira Gullar, construído por uma série de citações com a indicação dos respectivos autores, cujo objetivo foi definido no próprio título e reforçado nas duas primeiras linhas da produção. Vamos ao texto:

REPARTO COM VOCÊ O QUE NÃO É MEU

*Lembra-te que o tempo é um jogador
que ganha todos os lances sem roubar (Baudelaire)*

NÃO É por falta de assunto. É que nada que escrevesse daria ao leitor tanto prazer quanto o que se segue:
– Comigo a anatomia ficou louca: sou todo coração (Maiakóvski).
– O pensamento se faz na boca (Tristan Tzara).
– Belo como o encontro fortuito de um guarda-chuva e uma máquina de escrever sobre uma mesa de necrotério (Lautréamont).
– Quando as mulheres vão urinar, as árvores olham e não dizem nada (poema dos índios Macunis).
– Pulo das páginas em teus braços (Walt Whitman).
– Não há lugar para a morte; sempre vivos, os seres retornam todos ao céu, em esferas de luz (Virgílio).
– Se, hoje, o arcanjo, uma ameaça detrás das estrelas, desse um passo apenas em direção a nós, nosso coração, sobressaltado, explodiria (R. M. Rilke).
– Após nossa morte, deveriam nos meter numa bola; essa bola seria de madeira e de várias cores. Rolariam a bola para nos conduzir ao cemitério e os papa-defuntos encarregados dessa tarefa usariam luvas transparentes para despertar nos amantes a lembrança das carícias (Francis Picabia).
– Desse pão não comerei (Benjamin Péret).
– É preciso esgotar o campo do possível (Holderlin).
– Se a aparência expressasse a essência, a ciência seria desnecessária (Karl Marx).
– Os poetas não mandam no que cantam (Homero).
– A natureza ama se ocultar (Heráclito de Éfeso).
– Boca de fonte, oh boca generosa / dizendo sempre a mesma água clara (R. M. Rilke).
– Aqui é a escola das árvores. Estão aprendendo geometria (Raul Bopp).
– A noite está bonita. Parece envidraçada (Raul Bopp).
– Eu te mostrarei o medo num punhado de pó (T. S. Eliot).
– Irmã sem memória, morte, com um só beijo me tornarás igual ao sonho (Giuseppe Ungaretti).
– Na casa havia nove irmãs. Uma foi comer biscoito. Deu o tangolomango nela, não ficaram senão oito (folclore).
– Fixava vertigens (Arthur Rimbaud).
– Lembra-te que o tempo é um jogador que ganha todos os lances sem roubar (C. Baudelaire).
– Mas a coisas findas; muito mais que lindas / essas ficarão (Carlos Drummond de Andrade).
– Então a nuvem passou e o tanque estava seco / Vai, disse o pássaro, porque as folhas estão cheias de crianças, ali escondidas e excitadas, contendo o riso / Vai, vai, vai, disse o pássaro: o espírito humano não suporta tanta realidade (T. S. Eliot).
– No ponto em que estamos, não há nenhum temor urgente (René Char).
– Voltei lá onde jamais estivera. Nada do que não era tinha mudado. Sobre a mesa (a toalha de linóleo em quadrados); reencontrei pela metade,

> o copo que jamais se enchera. Tudo continuava tal como nunca havia deixado (Giorgio Caproni).
> – Alguém moveu Sírius de um lado para o outro (Murilo Mendes).
> – Os chapéus das mulheres que passam são cometas no incêndio do anoitecer (Blaise Cendrars).
> – Uma floresta cujos pássaros são todos de chamas (André Breton).
> – Os bombons e as flores me dão dor de dentes (Francis Picabia).
> – Minha mãe tocava piano no caos (Murilo Mendes).
> – O poeta futuro cai do velocípede (Murilo Mendes).
> – Se dom Pedro 2º vier aqui com história, eu boto ele na cadeia (Oswald de Andrade).
> – Quem, se eu gritasse, me ouviria dentre a legião dos anjos? (R. M. Rilke).
> – Para onde caminha minha sombra / neste cavalo de eletricidade? (Augusto dos Anjos).
> – Já vai escurecendo / o sangue para de arder / Agora o que digo acendo / para não me perder (Vitorino Nemésio).
> – Quem fizer amor dormindo / é logo expulso do sono (Jean Cocteau).
> – Por ter roubado a Nissus, cabelos de púrpura / sua filha traz cães furiosos no púbis e nas virilhas (Ovídio).
> – Meu amor de nádegas de primavera (André Breton).
> – A mulher do fim do mundo / chama a luz com um assovio (Murilo Mendes).
> – Mais abaixo que eu, sempre mais abaixo que eu, se encontra a água. É sempre de olhos baixos que a vejo (Francis Ponge).
> – Mal entrava no mato, era um delírio / Os papagaios se reuniam em bando, protestando / como um verde comício (Cassiano Ricardo).

Fonte: Ferreira Gullart, *Folha de S.Paulo*, 11 maio 2008.

É muito comum em matérias jornalísticas, cartas de leitores publicadas em jornais ou revistas, artigos científicos, resenhas, processos jurídicos, dentre outras produções, a explicitação da fonte dos textos a que o escritor faz referência.

O artigo de divulgação científica que apresentamos a seguir é um exemplo de produção textual do domínio jornalístico em que prepondera a intertextualidade explícita.

> **INTELIGÊNCIA: EVOLUÇÃO DA COGNIÇÃO**
> **PODE SER HISTÓRIA PERDIDA, DIZ BIÓLOGO**
>
> Segundo o biólogo Richard Lewontin, também de Harvard, os cientistas estão levando a pior no jogo da busca pelas raízes da cognição humana. Isso acontece, primeiro, porque os fósseis de hominídeos descobertos não têm relações de ancestralidade claras com os humanos atuais. "Podem ser todos linhagens colaterais." Depois, detalhes da própria evolução do comportamento humano estão perdidos - e talvez para sempre. "Nós não temos o registro fóssil da cognição humana, então ficamos fazendo inferências a partir de sombras de cognição, o que é ruim."

Fonte: *Folha de S.Paulo*, 19 fev. 2008.

Em sua produção, o autor retoma o dizer do biólogo expresso em citação indireta

> Segundo o biólogo Richard Lewontin, também de Harvard, os cientistas estão levando a pior no jogo da busca pelas raízes da cognição humana.

e em duas citações diretas indicadas entre aspas:

> "Podem ser todos linhagens colaterais."
> "Nós não temos o registro fóssil da cognição humana, então ficamos fazendo inferências a partir de sombras de cognição, o que é ruim."

Como se trata de artigo de divulgação científica, é muito comum a explicitação da fonte de textos citados, visto ser este um expediente de que se vale o escritor para, recorrendo a argumentos de autoridade, dar credibilidade ao que enuncia. Isso nos permite construir a hipótese de que explicitar ou não explicitar a fonte dos textos citados – e em que momento fazê-lo – é uma importante estratégia de que o produtor lança mão no percurso de seu trabalho de produção escrita, a fim de obter o que pretende no plano da interação.

Assim é que, em um texto, num primeiro momento, podemos nos deparar com intertextualidade constituída implicitamente e, em seguida, nos deparar com trecho(s) em que o autor propicia ao leitor a explicitação da fonte, como se lhe quisesse chamar a atenção para o(s) texto(s) a que faz remissão, numa orientação mais explícita quanto ao conhecimento textual que deve ser ativado na interação em foco.

É o que observamos, a título de exemplificação, no texto "Queridíssima", de Ivan Ângelo. Nessa produção, destacamos apenas dois trechos que remetem ao texto-origem em questão "Meu caro amigo" (Chico Buarque), sem, contudo, descartar outras relações intertextuais, dependendo do repertório textual dos leitores.

Estrategicamente, em sua produção, Ivan Ângelo faz alusão a um trecho da música de Chico Buarque sem citar a fonte. Em seguida, para situar o leitor quanto ao texto a que se refere e/ou para garantir a atribuição dos créditos do dizer a quem de direito, explicita a fonte que lhe serve de inspiração. Eis o texto:

Queridíssima

Há muito tempo que não te escrevo. Notícias, poucas. Aqui na terra estão jogando futebol. O seu Corinthians, olha, nem te conto. Saiu em Londres uma pesquisa dizendo que o jogador brasileiro é o melhor do mundo. Queriam dizer: é o melhor negócio. Coisa de mercado, sabe? Jogador brasileiro é quase uma commodity, mercadoria com cotação internacional. Dá retorno para quem investe. O Corinthians vende sem ter outro jogador para pôr no lugar. É como o pobre que vende a casa, gasta o dinheiro e fica sem ter onde morar. O que eu quero te dizer é que a coisa aqui tá preta, como cantava o Chico em outros tempos. Preta no ar, na terra e nas águas. Aviões não decolam ou caem na cabeça das pessoas na hora do almoço; traficantes e polícia se matam e nos matam, corruptos de colarinho branco ou de calibre 38 surrupiam nosso dinheiro, pedintes nos deixam divididos entre compaixão e irritação, mulheres jogam bebês no lixo; e as águas descem dos morros trazendo lama, barracos e bercinhos. A morte é banal. Tem nada não: Natal vem aí, Carnaval vem aí. As escolas de samba já escolheram seus enredos, batem caixas para os turistas. O povo é ritmista. Quando não leva instrumento, usa o que tem à mão. Caixa de fósforos. Aliança batendo no copo ou na garrafa de cerveja. Palma da mão. Antigamente até chapéu de palha. Só peço que me poupem de batida em tampo de mesa de botequim.

Meu caro amigo me
perdoe, por favor
Se eu não lhe faço
uma visita

Mas como agora apareceu um portador
Mando notícias nessa fita

Aqui na terra tão
jogando futebol

Tem muito samba,
muito choro e
rock'n'roll
Uns dias chove, noutros dias bate sol

Mas o que eu quero
é lhe dizer que a
coisa aqui tá preta

(*Chico Buarque /
Francis Hime*)

A Lina fez um filme bacana sobre São Paulo e o amor. A Ivana fez um livro bacana sobre o complicado amor da mulher, ou sobre o amor da mulher complicada, ou sobre a mulher do amor complicado. O Laurentino escreveu um livro bacana sobre dom João VI inaugurando o Brasil que temos hoje.
Já te falei que acho a história do Brasil meio abstrata? Quer dizer: abstrata para estudante. Não tem paisagem. Quase não há o que ver fora dos livros. Na Europa, você vê a história em cada esquina. Os prédios onde se desenrolaram os fatos estão lá; mesmo em ruínas estão lá as praças, as igrejas, as catedrais de 1.000 anos, os castelos. A arte está lá, diante dos olhos, pode-se tocar. Nossa relação com a história é livresca, tudo parece ficção, só que com datas. Destruímos os lugares. Nossas cidades viraram complicados ajuntamentos de pessoas ligadas por atividades, interesses, língua, alguns símbolos, mas falta o passado visível, concreto, arquitetônico, escultural.
E os heróis? Peguei um táxi no calorão do Rio de Janeiro e o motorista, alma de anarquista, passava diante das estátuas e ria: "Olha aí, herói. Hoje seria criminoso, não é não? Crimes inafiançáveis! Chacinas de índios, torturas de negros, destruição da fauna e do meio ambiente! Sem contar as safadezas!". Aquilo daria uma boa conversa, mas eu não discordava nem concordava, sorria com certa preguiça.
Estou muito reclamador hoje, não? Deve ser o calor. Mas confio no futuro, confio nos moços e no que vão fazer do mundo. Está chegando a hora dos vestibulares, um momento carregado de esperanças. É verdade que já confiei mais. Na escolha da carreira profissional parece-me que eram mais românticas e idealistas as gerações de antes dos anos 1980. Foi quando começaram a ter peso muito forte no sonho dos moços o sucesso social, o dinheiro, a visibilidade, o poder. Os meninos mais antigos tinham três profissões idealistas: médico, advogado e engenheiro. Médico para salvar vidas; advogado para defender as vítimas de injustiças; engenheiro para completar a obra da Criação com detalhes que ficaram faltando. Os puramente sonhadores queriam ser aviadores ou trapezistas. Hoje há muito mais opções, até para os sonhadores.
Você vem para o Natal? Garanto que já gastei minha cota de reclamações. Brindaremos a qualquer coisa, com espumantes brasileiros, que andam ótimos. Vê como já parei de reclamar? Beijos.

Fonte: ANGELO, Ivan. Queridíssima. Revista *Veja*, 28 nov. 2007, p. 246.

Em sua atividade, conforme afirmamos, o escritor, ao estabelecer relação entre textos, pode fazê-lo de forma a indicar claramente para o leitor a fonte do texto ou dos textos a que faz remissão ou não indicá-la, dependendo do propósito comunicacional em jogo, do efeito de sentido que quer produzir, do conhecimento que pressupõe que o leitor tenha sobre textos, etc.

Ainda é importante assinalar em relação à produção que nos serviu de exemplo que a intertextualidade também se constitui intergenericamente. Em outras palavras, isso significa dizer que a produção está configurada em forma de carta, se apresenta aos olhos do leitor em forma de carta, assim como o texto-fonte a que remete (ver o texto-fonte em boxe), mas nossas práticas comunicativas nos dizem que cartas pessoais não são publicadas em jornais ou revistas para serem lidas por um número expressivo de leitores ou para serem cantadas e ouvidas por milhares de pessoas.

São, pois, os "modelos cognitivos de contexto" (VAN DIJK, 1994, 1997) e o conhecimento de gêneros textuais (ou metagenérico), sua constituição e função, que possibilitam a escritores/leitores (falantes/ouvintes) avaliar o que foi produzido em dada situação e com que propósito.

Como as nossas práticas comunicativas são altamente maleáveis, flexíveis ou plásticas, nas palavras de MARCUSCHI (2002), ou "relativamente estáveis", nas palavras de BAKHTIN (1953/1992), o produtor do texto pode produzir um gênero no formato de um outro. No caso do nosso exemplo, o produtor "transvestiu" o artigo de opinião em carta pessoal e espera que o leitor reconheça nessa metamorfose o objetivo da produção realizada.

Voltando o foco para formas de intertextualidade, de fato, na atividade escrita, sempre recorremos, de forma consciente ou não, a outros textos, dependendo dos conhecimentos de textos armazenados na nossa memória e ativados na ocasião da produção do texto.

Do ponto de vista do leitor e para que o autor atinja o objetivo desejado, é pressuposta no momento da leitura a ativação do texto-fonte. Para que obtenha êxito em seu intento, indicar a fonte é um recurso importante utilizado pelo autor para situar o leitor em relação ao texto posto em relevância no processo intertextual, tendo-se em vista o sentido pretendido. No entanto, como já foi dito, o escritor tem a opção de **não** explicitar a fonte, porque pressupõe que o texto de origem faça parte do repertório do leitor. Quando isso acontece, o produtor estrategicamente:

- usa recursos tipográficos para sinalizar ao leitor a "presença" do intertexto como, por exemplo, nos **textos 1, 2** e **3**.

Texto 1

Fonte: *O Estado de S.Paulo*, 2 jun. 2006.

Na tira, o autor, ao produzir o enunciado "na nossa cozinha nada se perde, tudo se transforma", o faz com base no enunciado-fonte "Na natureza nada se cria, nada se perde, tudo se transforma" de autoria de Lavoisier, esperando que o leitor compartilhe desse conhecimento.

É interessante notar na tira o uso de aspas, um recurso por meio do qual o autor chama a atenção do leitor para a presença do texto alheio e o convida a compreender o motivo pelo qual ele está chamando a sua atenção assim. Trata-se, na verdade, de uma boa estratégia do autor para marcar a sua intencionalidade.

Texto 2

Fonte: *Folha de S.Paulo*, 30 maio 2007.

Na tira 2, o enunciado em balão é trecho da composição de Tim Maia intitulada "Azul da cor do mar". A fim de indicar para o leitor a intertextualidade, o produtor da tirinha anexa ao texto uma nota musical, recurso usado no exemplo 2 que acabamos de comentar e no exemplo 3 a seguir, para indicar que o enunciado é parte da composição de Cartola **"As rosas não falam"**. Vejamos a tirinha:

> Ah!
> Se o mundo inteiro
> Me pudesse ouvir
> Tenho muito pra contar
> Dizer que aprendi...
> E na vida a gente
> Tem que entender
> Que um nasce pra sofrer
> Enquanto o outro ri.
> [...]

Texto 3

Fonte: *Folha de S.Paulo,* 15 mai. 2007.

AS ROSAS NÃO FALAM
(Cartola)
Bate outra vez
Com esperanças o meu coração
Pois já vai terminando o verão enfim

Volto ao jardim
Com a certeza que devo chorar
Pois bem sei que não queres voltar para mim

Queixo-me às rosas, mas que bobagem
As rosas não falam
Simplesmente as rosas exalam
O perfume que roubam de ti

Devias vir
Para ver os meus olhos tristonhos
E, quem sabe, sonhavas meus sonhos
por fim

[...]

- não sinaliza tipograficamente para o leitor a "presença" de outro(s) texto(s), pois, ao levar em conta que o texto em questão é de conhecimento do leitor, simplesmente produz o intertexto, como podemos ver no exemplo a seguir:

Fonte: *Folha de S.Paulo*, 16 mar. 2006.

Nessa tirinha, podemos dizer que faz parte da proposta do autor deixar a cargo do leitor a identificação do texto-fonte que serviu de base à produção. É claro que, ao recuperarmos o texto-fonte (ou um dos textos-fonte), mais nos aproximaremos do efeito de sentido objetivado pelo autor. A seguir, apresentamos dois textos em cuja constituição identificamos o trecho repetido nos dois primeiros balões da tira comentada.

Bebete Vãobora *(Luciana Mello* *Composição: Jorge Ben)* Bebete Vãobora! Que está na hora Bebete Vãobora! Yeh! yeh! Que está na hora Bebete Vãobora! Eh! Que está na hora Bebete Vãobora! Que está na hora... Olha que o sol vai sair Bebete sorrindo Não parou de sambar Eu sei que você me é fiel Mas é que os vizinhos Já estão a olhar e falar... Eu sou o seu homem E você minha mulher Eu sou o seu homem E você minha mulher...	**Toda forma de amor** *(Lulu Santos)* Eu não pedi pra nascer Eu não nasci pra perder Nem vou sobrar de vítima Das circunstâncias Eu tô plugado na vida Eu tô curando a ferida Às vezes eu me sinto Uma mola encolhida Você é bem como eu Conhece o que é ser assim Só que dessa história Ninguém sabe o fim Você não leva pra casa E só faz o quer Eu sou seu homem Você é minha mulher E a gente vive junto E a gente se dá bem Não desejamos mal a quase ninguém E a gente vai à luta E conhece a dor Consideramos justa Toda forma de amor

Intertextualidade e gêneros textuais

Na seção anterior, tratamos do conceito de intertextualidade e dos níveis de manifestação explícita e implícita no plano da escrita, recorrendo a alguns gêneros textuais para exemplificação. E não poderia ser diferente, pois nos comunicamos por meio de gêneros textuais e estes encontram-se configurados em textos.

Nesta seção, chamando a atenção para a intertextualidade na produção de gêneros escritos, trataremos da **intertextualidade intergêneros** (MARCUSCHI, 2002), um fenômeno que ocorre quando um escritor produz um gênero em um formato diferente do que é esperado, dependendo do propósito que tem em mente, como mencionamos. É o que ocorre no texto a seguir.

Texto 1

Conveniência

Olhai, oh Senhor, os jovens nos postos de gasolina. Apiedai-vos dessas pobres criaturas, a desperdiçar as mais belas noites de suas juventudes sentadas no chão, tomando Smirnoff Ice, entre bombas de combustível e pães de queijo adormecidos. Ajudai-os, meu Pai: eles não sabem o que fazem. São Paulo não tem praças, eu sei. As ruas são violentas, é verdade, mas nem tudo está perdido. Mostrai a esses cordeiros desgarrados a graça dos amassos atrás do trepa-trepa, o esconderijo ofegante na casa das máquinas do elevador, as infinitas possibilidades da locadora da esquina, a alegria simplória da Sessão Corujão.
Encaminhai-os para um boliche, que seja, mas afastai suas bochechas rosadas dos vapores corrosivos dos metanóis. Pois nem toda a melancolia de um playground, nem todo o tédio de um salão de festas ou, vá lá, a pindaíba do espaço público simbolizada pelo churrasco na laje justifica a eleição de um posto de gasolina como ponto de encontro. Tudo, menos essa oficina dentária de automóveis, taba de plástico e alumínio, neon e graxa, túmulo do samba e impossível novo quilombo de Zumbi.
Que futuro pode ter um amor que brota sob a placa "troca de óleo, ducha grátis acima de 100 reais"?
Dai a essa apascentada juventude o germe da revolta. Incitai-os a atirar pedras ou pintar muros, a tomar porres de Cynar com Fanta Uva, tal qual formicida, por amores impossíveis, ajudai-os a ouvir músicas horríveis, usar roupas rasgadas, a maldizer pai e mãe, a formar bandas punk ou fazer serenatas de amor. Eles têm todo o direito de errar, de perder-se, de ser ridículos. Só não podem, meu Pai, com as camisas para dentro das calças, pomada no cabelo e barbas bem feitinhas, amarelar a lira de seus vinte anos sob o totem luminoso das petroquímicas.
Salvai-me do preconceito e da tentação, oh Pai, de dizer que no meu tempo tudo era lindo, maravilhoso. Passei muitas horas molhando a bunda num ringue de patinação no gelo, ou vagando a esmo por shopping centers, aguardando a luz no fim do túnel de minha adolescência. Talvez fosse a mesma coisa. Talvez exista alguma poesia em passar noite após noite sentado na soleira de uma loja de conveniência, em desfilar com a chave do banheiro e sua tabuinha, em gastar a mesada em chicletes e palha italiana. Explicai-me o mistério, numa visão, ou arrancai-os dali. É só o que vos peço, humildemente, no ano que acaba de nascer. Obrigado, Senhor.

Fonte: PRATA, Antonio. Conveniência. *O Estado de S.Paulo,* 11 jan. 2008.

O texto "Conveniência" foi produzido em forma de oração, conforme pode atestar a presença de sequências injuntivas, o estilo do texto, a existência de um sujeito suplicante e de um Ser a quem se destina a prece.

A leitura do texto, porém, nos revela que o autor assim o constrói para expressar a sua opinião referente ao fato de jovens elegerem um posto de gasolina como ponto de encontro.

Temos, por conseguinte, um caso de **intertextualidade intergêneros**: o autor fez uso de seus **conhecimentos metagenéricos** e produziu um gênero no qual expressa sua opinião em formato de um outro gênero: oração. Mas a produção apenas assume a forma de oração, não é vista, nem sentida, como uma oração, não tem o propósito de elevar uma prece aos céus, em agradecimento ou súplica.

Esse tipo de produção ressalta **o conhecimento metagenérico** do autor a ponto de "emprestar" a um gênero textual (crônica) a "roupagem" de um outro gênero (oração), sem a transferência das funções que lhes são reservadas. É evidente que uma produção dessa natureza produz um efeito muito mais intenso no leitor pelo inusitado que carrega, solicitando do produtor um domínio muito bom dos gêneros em questão, a fim de que obtenha, com a "transmutação", o objetivo pretendido.

Construir um gênero textual com a forma de outro é um fenômeno que passou a chamar a atenção dos estudiosos do texto na esteira das pesquisas recentemente realizadas sobre gêneros textuais. Na verdade, é um fenômeno muito comum na produção textual realizada, em especial, no domínio da publicidade, em que há espaço privilegiado para a expressão da criatividade do produtor. Esse hibridismo costuma causar um efeito muito maior se comparado ao que causaria o convencionalmente aceito ou esperado em igual situação, por conter o traço da inventividade, da criatividade, do ineditismo.

Intertextualidade e coerência

BAZERMAN (2006: 98) afirma que, cada vez que fazemos uso de textos alheios em um novo contexto, há uma **recontextualização** e, portanto, a produção de um novo sentido. Embora em algumas ocasiões a recontextualização passe despercebida pelo fato de os sentidos originais não estarem distantes do sentido do novo contexto, em outras ocasiões, a mudança é significativa, visto que "o autor corrente assume um determinado ponto de vista, adota uma certa atitude e discute ou avalia as palavras originais". Nesse sentido, chamamos a atenção para os textos a seguir:

Texto 1

Fonte: *O Estado de S.Paulo,* 26 nov. 2007.

Na tira, o produtor indica para o leitor que situa sua produção no gênero contos de fadas, retomando, em particular, a história dos "Três Porquinhos" tão bem conhecida por nós. Todavia, o autor, ao retomar a história, o faz em uma perspectiva atual, moderna, revelada discursivamente no enunciado produzido no papiro à esquerda (Contos de Fadas Atualizados) e na oração adversativa "mas o Lobo Mau conseguiu uma ordem de despejo". Os enunciados produzidos em associação aos elementos não verbais são indicadores do efeito de humor pretendido pelo autor, considerando o conhecimento que temos do gênero *tira* e de sua função.

Texto 2

Fonte: *O Estado de S.Paulo,* 17 jan. 2006.

No exemplo anterior, o produtor do texto formula uma pergunta em torno do ditado "vintém poupado, vintém ganho". A resposta à questão "Hoje em dia, está mais pra 'vintém poupado, mais um vintém taxado pelo imposto de renda'" explicita uma avaliação do texto-fonte. Diferentemente da tira 1, temos a atualização não de um conto de fadas, mas de um provérbio, embora em ambas as produções o efeito de sentido pretendido pelo autor seja provocar a crítica, o humor.

Texto 3

Hino do patriota doido

RIO DE JANEIRO — Já sabeis da Pátria filhos ver contente a mãe gentil, pátria amada Brasil, florão da América em raios fúlgidos o sol brilhou no céu da pátria neste instante, aterra e desce, no teu seio, Alda Garrido, teus risonhos lindos bosques têm mais frutos, nossa vida mais amores, salve, salve. O lábaro estrelado que ostentas o verde louro desta flâmula nas margens plácidas do gigante pela própria Natureza que conseguimos conquistar com braço forte e a clava da justiça desafia o nosso peito a própria morte. Recebe o afeto que se encerra e verás que um filho teu não foge à luta ao som do mar e à luz do céu profundo, o brado retumbante, paz no futuro e glória no passado, entre outras mil és tu, Brasil, minha voz enternecida já adorou os teus brasões, a beleza deste céu onde o azul é mais azul, salve lindo pendão da esperança, em teu formoso céu retratas a

Hino Nacional
(Letra de Joaquim Osório Duque Estrada
Música de Francisco Manoel da Silva)

Ouviram do Ipiranga as margens plácidas
De um povo heroico o brado retumbante,
E o sol da liberdade, em raios fúlgidos,
Brilhou no céu da pátria nesse instante.

Se o penhor dessa igualdade
Conseguimos conquistar com braço forte,
Em teu seio, ó liberdade,
Desafia o nosso peito a própria morte!

Ó pátria amada,
Idolatrada,
Salve! Salve! [...]

Hino da Independência
(Letra de Evaristo Ferreira da Veiga
Música de D. Pedro I)

Já podeis da Pátria filhos,
Ver contente a mãe gentil;
Já raiou a liberdade
No horizonte do Brasil
Já raiou a liberdade,
Já raiou a liberdade
No horizonte do Brasil.

Brava gente brasileira!
Longe vá temor servil
Ou ficar a Pátria livre
Ou morrer pelo Brasil;
Ou ficar a Pátria livre,
Ou morrer pelo Brasil. [...]

grandeza do Cruzeiro do Sul, pátria adorada no teu seio mais amores. Abre a cortina do passado, auriverde pendão da esperança, símbolo augusto da paz, paira sempre sagrada bandeira, braços abertos sobre a Guanabara, das lutas na tempestade dá que ouçamos à noite nas tabas, se alguém duvidava, dizia prudente, meninos eu vi! E pois que és meu filho, pois choraste diante da morte, se choraste meu filho não és, estou morrendo de saudade, Rio foi feito pra mim, Cristo Redentor abre as asas sobre nós, brava gente, brasileira, nossa terra tem palmeiras que dominam ufanas os altos topos da floresta espessa - terra sagrada! Entre outras mil, mãe gentil, nosso peito varonil, neste céu de anil, não permita Deus que eu morra sem que ouça no bulir do mato a juriti suspira, dois é bom três é demais. Era ao cair da tarde de 7 de setembro de 1822. Vinte e dois elefantes chateiam muito mais.

Fonte: CONY, Carlos Heitor. *Folha de S.Paulo*, 7 set. 2000.

Hino da Proclamação da República
(Letra de Medeiros e Albuquerque
Música de Leopoldo Miguez)

Seja um pálio de luz desdobrado,
Sob a larga amplidão destes céus
Este canto rebel que o passado
Vem remir dos mais torpes labéus!
Seja um hino de glória que fale
De esperança, de um novo porvir!
Com visões de triunfos embale
Quem por ele lutando surgir!

Liberdade! Liberdade!
Abre as asas sobre nós!
Das lutas na tempestade
Dá que ouçamos tua voz! [...]

Hino à Bandeira Nacional
(Letra de Olavo Bilac
Música de Francisco Braga)

Salve lindo pendão da esperança!
Salve símbolo augusto da paz!
Tua nobre presença à lembrança
A grandeza da Pátria nos traz.

Recebe o afeto que se encerra
em nosso peito juvenil,
Querido símbolo da terra,
Da amada terra do Brasil!

Em teu seio formoso retratas
Este céu de puríssimo azul,
A verdura sem par destas matas,
E o esplendor do Cruzeiro do Sul. [...]

O texto de Cony é muito rico na citação a outros textos. Na produção, facilmente identificamos remissão aos hinos apresentados nos boxes e a textos poéticos, como por exemplo:

- **Aquarela do Brasil**, composição de Ary Barroso,

> Brasil!
> Meu Brasil Brasileiro
> meu mulato inzoneiro
> Vou cantar-te nos meus versos
> Brasil, samba que dá
> Bamboleio, que faz gingá
> O Brasil do meu amor
> Terra de Nosso Senhor...
>
> **Abre a cortina do passado**
> Tira a mãe preta do cerrado
> Bota o rei congo no congado
> Canta de novo o trovador
> A merencória à luz da lua
> Toda canção do meu amor
> Quero ver essa dona caminhando
> Pelos salões arrastando
> O seu vestido rendado...

- **"Canção do exílio"**, de Gonçalves Dias, já comentado no início deste capítulo, outro texto a que o autor faz remissão e que o leitor identifica nos trechos "nossa terra tem palmeiras que dominam ufanas os altos topos da floresta espessa-terra sagrada!" e "não permita Deus que eu morra sem que ouça no bulir do mato a juriti suspira".

Certamente, muitos outros textos não citados aqui são constitutivos do texto 3, cuja chave para a construção da coerência é fornecida pelo autor quando intitula sua produção de "Hino do patriota doido", mais um intertexto construído.

Como vimos, em sua atividade, o escritor pode deixar entrever, ora mais, ora menos, os outros textos que perpassam a sua produção. Levando em conta esse intento, recorre a muitos expedientes: citação direta, citação indireta, uso de aspas ou de outra sinalização tipográfica, conforme exemplificado anteriormente.

Intertextualidade no ensino da produção escrita

Em nossas práticas comunicativas, sempre produzimos textos baseando-nos em outros. Embora os produtores de texto construam a relação entre textos, algumas vezes, de modo consciente, outras, inconscientemente, é fundamental, no ensino da produção escrita, chamar a atenção dos alunos para o fenômeno da intertextualidade, destacando que não se trata apenas de construir relações entre textos, mas, principalmente, do modo pelo qual se constrói "esse mosaico", do objetivo da referência e do modo pelo qual se posiciona diante dos textos a que faz remissão, levando em conta o seu propósito comunicativo (BAZERMAN, 2006: 103).

No ensino da produção escrita, importante papel assume o conhecimento textual do escritor advindo de suas práticas de leitura. É esse conhecimento que possibilita a alunos a produção intertextual configurada nos textos a seguir:

Texto 1

Dia a dia e todo dia
(Fonte: Tábata de Almeida Santos,
Comunicação e Multimeios, PUC-SP)

Enquanto nosso galo canta
Amarelo sol e verde parque
Azul chuveiro, quente café
Cotidiano, Chico Buarque
Rumo às obrigações

Cinza dia, sono manhã
Ônibus, corrida, pressa
Trem das Onze, Adoniran
Tarde igual, trabalho e dinheiro
Novidades previsíveis, cansamos
Branco conformação, vermelho suor
Todo carnaval tem seu fim, Los Hermanos
Quase anoitece, ainda há atividade
Com a bolsa já subi e desci
Moral intacta, missão cumprida?
Propaganda, Nação Zumbi
O fim antes do recomeço
TV, jantar, noite caiu
Velhos modos, pedidos e só
Se eu quiser falar com Deus, Gil

Cotidiano
Composição: Chico Buarque

Todo dia ela faz
Tudo sempre igual
Me sacode
Às seis horas da manhã
Me sorri um sorriso pontual
E me beija com a boca
De hortelã...

Seis da tarde
Como era de se esperar
Ela pega
E me espera no portão
Diz que está muito louca
Prá beijar
E me beija com a boca
De paixão...

Todo dia ela diz
Que é pr'eu me cuidar
E essas coisas que diz
Toda mulher
Diz que está me esperando
Pr'o jantar
E me beija com a boca
De café...

Toda noite ela diz
Pr'eu não me afastar
Meia-noite ela jura
eterno amor
E me aperta pr'eu
quase sufocar
E me morde com a boca
de pavor...

Todo dia eu só penso
Em poder parar
Meio-dia eu só penso
Em dizer não
Depois penso na vida
Prá levar
E me calo com a boca
De feijão...

Se eu quiser falar com Deus
Composição: Gilberto Gil

Se eu quiser falar com Deus
Tenho que ficar a sós
Tenho que apagar a luz
Tenho que calar a voz
Tenho que encontrar a paz
Tenho que folgar os nós
Dos sapatos, da gravata
Dos desejos, dos receios
Tenho que esquecer a data
Tenho que perder a conta
Tenho que ter mãos vazias
Ter a alma e o corpo nus
Se eu quiser falar com Deus
Tenho que aceitar a dor
Tenho que comer o pão
Que o diabo amassou
Tenho que virar um cão
Tenho que lamber o chão
Dos palácios, dos castelos
Suntuosos do meu sonho
Tenho que me ver tristonho
Tenho que me achar medonho
E apesar de um mal tamanho
Alegrar meu coração
Se eu quiser falar com Deus
Tenho que me aventurar
Tenho que subir aos céus
Sem cordas pra segurar
Tenho que dizer adeus
Dar as costas, caminhar
Decidido, pela estrada
Que ao findar vai dar em nada
Nada, nada, nada, nada
Nada, nada, nada, nada
Nada, nada, nada, nada
Do que eu pensava encontrar

Trem das onze
Composição: Adoniran Barbosa

Não posso ficar nem mais um minuto com você
Sinto muito amor, mas não pode ser
Moro em Jaçanã,
Se eu perder esse trem
Que sai agora às onze horas
Só amanhã de manhã.
Além disso mulher
Tem outra coisa,
Minha mãe não dorme
Enquanto eu não chegar,
Sou filho único
Tenho minha casa para olhar
E eu não posso ficar.

Todo carnaval tem seu fim
Los Hermanos

Todo dia um ninguém josé acorda já deitado
Todo dia ainda de pé o zé dorme acordado
Todo dia o dia não quer raiar o sol do dia
Toda trilha é andada com a fé de quem crê no ditado
De que o dia insiste em nascer
Mas o dia insiste em nascer
Pra ver deitar o novo

Toda rosa é rosa porque assim ela é chamada
Toda Bossa é nova e você não liga se é usada
Todo o carnaval tem seu fim
Todo o carnaval tem seu fim
E é o fim, e é o fim

Deixa eu brincar de ser feliz,
Deixa eu pintar o meu nariz

Toda banda tem um tarol, quem sabe eu não toco
Todo samba tem um refrão pra levantar o bloco
Toda escolha é feita por quem acorda já deitado
Toda folha elege um alguém que mora logo ao lado
E pinta o estandarte de azul
E põe suas estrelas no azul
Pra que mudar?
[...]

Propaganda
Composição: Nação Zumbi
Letra: Jorge Du Peixe,
Rodrigo Brandão E
Gilmar
Bolla 8/música: Nação
Zumbi E Marcos Matias

Comprando o que parece ser
Procurando o que parece ser
O melhor pra você
Proteja-se do que você
Proteja-se do que você
vai querer
Para as poses, lentes,
espelhos, retrovisores
Vendo tudo reluzente
Como pingente da vaidade
Enchendo a vista, ardendo
os olhos

O poder ainda
viciando cofres
Revirando bolsos
Rendendo paraísos nada
artificiais
Agitando a feira das
vontades

E lançando bombas de
efeito imoral
Gás de pimenta para
temperar a ordem
Gás de pimenta para
temperar
Corro e lanço um vírus
no ar
Sua propaganda não vai
me enganar
Como pode a propaganda
ser a alma do negócio

Se esse negócio que engana não tem alma
Vendam, comprem
Você é a alma do negócio
Necessidades adquiridas
na sessão da tarde
A revolução não vai passar na tv, é verdade
Sou a favor da melô do
camelô, ambulante
Mas 100% antianúncio
alienante

Corro e lanço um vírus
no ar
Sua propaganda não vai
me enganar
Eu vi a lua sobre a
Babilônia
Brilhando mais do que as
luzes da Time Square
Como foi visto no mundo
de 2020
A carne só será vista
num livro empoeirado na
estante
Como nesse instante, eu
tô tentando lhe dizer
Que é melhor viver do
que sobreviver
O tempo todo atento pro
otário não ser você
Você é a alma do negócio,
a alma do negócio é você
Corro e lanço um vírus
no ar
Sua propaganda não vai
me enganar

Ingedore Villaça Koch • Vanda Maria Elias

Intitulado de "Dia a dia e todo dia", o **texto 1** revela em sua constituição a "presença" de vários textos, dentre os quais destacam-se os que se encontram nos boxes anteriores.

De forma semelhante, o **texto 2** resulta do "diálogo" construído entre os poemas de Manuel Bandeira e Casimiro de Abreu, conforme podemos identificar a seguir:

TEXTO 2

Aqui tem tudo

Eu corro, eu mato
O desassossego,
Desassossego que mata
E agora o que faço?
É pergunta qual não faço.
Porque não preciso ir até "Pasárgada".

As tardes não são fagueiras, eu sei.
Sem laranjais a recostar, eu sei.
Mas vou cantar, sambar a noite inteira,
Girar, convidar a girar
E até plantar bananeira,
Sem ter que ir até "Pasárgada".

Pois, já que não temos rei.
D´outros são os dias,
Despreocupo-me com camas,
Já que temos estrelas, sofás e pias
E temos mulheres que escolherei.
Já não sei mais...
Será aqui, então, Pasárgada?

Confundo-me no simples talvez
Do cair e levantar, mas...
A confortar que cada segundo em vida
é uma aurora,
Fazendo-se Rosa a me por histórias...
Um fervido souvenir
Que os anos não trazem mais.

Que transas, que sol, que copos,
Que flores!
Aqui temos prostitutas bonitas,
Que não cobram,
P'ra gente namorar.

Que goles, que vídeo, que flores!!!
Temos processo mundializador,
Esbofeteado, p'ra gente se chocar.
Tem cigarro,
Hot-dog a onze reais
E telefone clonado
P'ra gente viajar.
Que sabor, que sonhos que flores!!!
Mas cadê as flores?

E quando eu estiver a me esquecer,
E a monotonia, o tédio a me matar...
Quando a infância vier a me faltar.
O belo sorriso vier a me faltar.

Lembrarei que aqui não temos rei.
D´outros são os dias,
Despreocupo-me com camas,
Já que temos estrelas, sofás e pias
Temos mulheres que escolho-rei
Pois não há quem diga que aqui
não é Pasárgada.

Que é num mesmo tempo tudo e nada...
Com sonhos e mulheres
Magiando fora e dentro de roupa...
O que diria Casimiro e Bandeira?
Inocência, da criança o suspiro?
Penso eu, ser e terá sido no viver,
Aurora e Pasárgada.

Poema de Manuel Bandeira
Vou-me embora pra Pasárgada

Vou-me embora pra Pasárgada
Lá sou amigo do rei
Lá tenho a mulher que eu quero
Na cama que escolherei
Vou-me embora pra Pasárgada
Vou-me embora pra Pasárgada

Aqui eu não sou feliz
Lá a existência é uma aventura
De tal modo inconsequente
Que Joana a Louca de Espanha
Rainha e falsa demente
Vem a ser contraparente
Da nora que nunca tive.

Poema de Casimiro de Abreu
Meus oito anos

Oh! que saudades que tenho
Da aurora da minha vida,
Da minha infância querida
Que os anos não trazem mais!
Que amor, que sonhos, que flores,
Naquelas tardes fagueiras
À sombra das bananeiras,
Debaixo dos laranjais!

Como são belos os dias
Do despontar da existência!
— Respira a alma inocência
Como perfumes a flor;
O mar é — lago sereno,
O céu — um manto azulado,
O mundo — um sonho dourado,
A vida — um hino d'amor!

Fonte: Daniel Santos de Oliveira.

Além dos **textos 1** e **2** citados, exemplos de produções intertextuais de universitários, merece destaque a intertextualidade no **texto 3** a seguir, produzida por um aluno do Ensino Fundamental I.

Texto 3

Arara

Em uma floresta havia a voar uma arara.
Cantava tão bem, que o ladrão que por ali
passasse, ficaria do bem!

Com isso, não se exibia,
gostava de cantoria.
Cantava, cantava, a sua liberdade,
vivia a voar.

Mas um dia, a solidão apareceu,
um humano lhe prendeu.
A arara parou de cantar,
sua liberdade havia sumido.
Ela preferia morrer, a naquela gaiola viver.
Agora só resta solidão, ração, água e pão!

Fonte: João Marcelo da Silva Elias, 1ª série, Colégio Madre Alix.

Que texto está na base da composição do poema de João Marcelo? Certamente, uma das alternativas que nos vem à mente é a poesia de Manuel Bandeira a seguir:

Pardalzinho

O pardalzinho nasceu
Livre. Quebraram-lhe a asa.
Sacha lhe deu uma casa,
Água, comida e carinhos.
Foram cuidados em vão:
A casa era uma prisão,
O pardalzinho morreu.
O corpo Sacha enterrou
No jardim; a alma, essa voou
Para o céu dos passarinhos!

Fonte: BANDEIRA, Manuel. Pardalzinho. In: *Berimbau e outros poemas*. Rio de Janeiro: Nova Fronteira, 1994.

Essa relação entre os textos nos faz pensar que estamos tão familiarizados com o "manuseio" de textos ou as "complexas performances intertextuais" (BAZERMAN, 2006: 103) que nem nos damos conta disso. No entanto, isso não nos isenta de, em sala de aula, abordar a intertextualidade como conteúdo de ensino, a fim de que os alunos possam desenvolver maneiras de retomar textos em sua atividade de produção escrita com propósitos diversos.

Para finalizar o capítulo, acentuamos o ponto de vista por nós aqui defendido segundo o qual a construção da intertextualidade, longe de ser gratuita, é estratégica e, por conseguinte, revestida de finalidade e de significações. Além disso, dependendo do contexto em que ocorra, a intertextualidade pode gerar sentidos não intencionados pelo autor ou, de outro modo, apenas sentidos intencionados pelos leitores.

De uma forma ou de outra, no entanto, é inegável que as relações construídas entre textos evidenciam, de modo particular, o conhecimento de textos do escritor e, de modo mais geral, a indissociabilidade das atividades de escrita e leitura.

6
Escrita e progressão referencial

Referenciação: uma atividade discursiva

A atividade de escrita (assim como a atividade de fala) pressupõe em seu desenvolvimento que:

- façamos constantemente referência a algo, alguém, fatos, eventos, sentimentos;
- mantenhamos em foco os referentes introduzidos por meio da operação de retomada;
- desfocalizemos referentes e os deixemos em *stand by*, para que outros referentes sejam introduzidos no discurso.

Trata-se de estratégias por meio das quais são construídos os objetos-de-discurso e mantidos ou desfocalizados na plurilinearidade do texto.

A título de exemplificação, vejamos o texto a seguir:

> **Alta-costura**
> **Carla Lamarca, 1,80 m**, está de volta à televisão. Ela estava afastada das telas há dois anos, quando deixou a MTV para trabalhar em uma gravadora de rock independente em Paris e estudar marketing musical em Londres. Agora, a paulistana de 26 anos vai comandar um programa sobre moda. A atração se chama "FTV MAG" e tem estreia prevista para o fim de novembro, no Canal Fashion TV, exibido pelas operadoras pagas Sky e Net.

Fonte: BERGAMO, Mônica. Alta-costura. *Folha de S.Paulo*, 3 nov. 2008.

Na produção do texto, percebemos que o referente inicialmente introduzido "Carla Lamarca" é retomado e mantido em saliência, primeiro, por meio do pronome "ela"; segundo, por meio da expressão "a paulistana de 26 anos". Esse referente, no entanto, perde sua posição focal quando a expressão nominal "a atração", construída em referência a "programa sobre moda", passa a ser o tema sobre o qual se desenvolvem as predicações.

O processo que diz respeito às diversas formas de introdução, no texto, de novas entidades ou referentes é chamado de **referenciação**. Quando tais referentes são retomados mais adiante ou servem de base para a introdução de novos referentes, tem-se o que se denomina **progressão referencial**.

A retomada do referente pode ser feita de forma retrospectiva ou anaforicamente, como vimos no texto anterior, ou, então, de forma prospectiva ou cataforicamente, como veremos no texto a seguir:

Começar de novo

Aconteceu mais uma vez: **ele** me abandonou. Como todos os outros. O quinto. A gente já estava junto há mais de um ano. Parecia que dessa vez seria para sempre. Mas não: **ele** desapareceu de repente, sem deixar rastro. Quando me dei conta, fiquei horas ligando sem parar – mas só chamava, chamava, e ninguém atendia. E então fiz o que precisava ser feito: bloqueei a linha.

A verdade é que nenhum **telefone celular** me suporta. Já tentei de todas as marcas e operadoras, apenas para descobrir que eles são todos iguais: na primeira oportunidade, dão no pé. Esse último aproveitou que eu estava distraído e não desceu do táxi junto comigo. Ou será que ele já tinha pulado do meu bolso no momento em que eu embarcava no táxi? Tomara que sim. Depois de fazer o que me fez, quero mais é que ele tenha ido parar na sarjeta.

Não que eu não tenha a minha parcela de culpa. Eu tento não demonstrar, mas no fundo todo celular sabe que eu não vou nem um pouco com a cara dele. Se soubesse falar alguma coisa além de "você tem... uma... nova mensagem; duas... mensagens antigas", qualquer um de meus ex-celulares diria que eu só lembrava deles na hora em que precisava. No resto do tempo, não dava a mínima. Quantas vezes eu já me recusei a atender aos seus chamados? Reconheço: eu tenho sido cruel, e mereci cada uma das vezes em que fui abandonado.

Fazendo um exame de consciência, vejo que eu nunca tentei entender nenhum dos meus ex-celulares. Hoje em dia os celulares escrevem, batem foto, cantam, servem de porta-retrato – mas eu nunca nem quis saber. Celular meu até hoje só serviu para carregar voz pra cima e pra baixo. Não admira que eles tentem ser felizes ao lado de alguém que deixe que realizem tudo do que são capazes.

Mas veja bem: eu não sou assim tão mau e desprezível. Tem quem me queira. Minha carteira, por exemplo, nunca me deixou. Minhas chaves claramente gostam da minha companhia; não escapuliram nem quando furou o bolso do meu jeans de estimação. Meus guarda-chuvas tampouco fogem com o primeiro taxista que aparece. Só os celulares me odeiam.

Se ainda fossem embora do jeito que chegaram, tudo bem. Mas não: quando se separam de mim, meus ex-celulares levam com eles todos os telefones armazenados na memória. Mas já sei o que vou fazer. No caminho da loja de celulares, vou passar numa papelaria. Pensando bem, nenhuma das minhas agendinhas de papel jamais me abandonou.

Fonte: FREIRE, Ricardo. Começar de novo. *O Estado de S.Paulo*, 24 nov. 2006.

Na literatura atual sobre o tema, defende-se que a referenciação, bem como a progressão referencial, consiste na **construção** e **reconstrução**

de objetos de discurso. Ou seja, os referentes de que falamos não espelham diretamente o mundo real, não são simples rótulos para designar as coisas do mundo. Eles são construídos e reconstruídos no interior do próprio discurso, de acordo com nossa percepção do mundo, nossos "óculos sociais" (BLIKSTEIN, 1985), nossas crenças, atitudes e propósitos comunicativos. Daí a proposta de substituir a noção de referência pela noção de referenciação.

A **referenciação** constitui, portanto, uma **atividade discursiva**. Especificamente do ponto de vista da produção escrita, podemos dizer que o escritor, por ocasião da sua atividade de produção, opera sobre o material linguístico que tem à sua disposição e procede a escolhas significativas para representar estados de coisas, de modo condizente com o seu projeto de dizer (KOCH, 1999, 2002).

Isto é, as formas de referenciação, longe de se confundirem com a realidade extralinguística, são escolhas realizadas pelo produtor do texto orientadas pelo princípio da intersubjetividade, razão pela qual os referentes são construídos e reconstruídos ao longo do processo de escrita.

Formas de introdução de referentes no modelo textual

Quando escrevemos, podemos recorrer a dois tipos **de introdução de referentes textuais**: **ativação 'ancorada'** e **'não-ancorada'**.

Quando o escritor introduz no texto um objeto de discurso totalmente novo, dizemos que produziu uma **introdução não-ancorada**. Quando representado por uma expressão nominal, esta opera uma primeira **categorização** do referente, como veremos no exemplo a seguir, em que o referente, ao ser introduzido, foi categorizado como "a mais nova profissão do mundo".

> **Do virtual ao personal**
>
> Não é apenas distração e conversa o que se procura: há necessidade de coisa mais profunda
>
> NO COMEÇO, fiquei assustado. Mas talvez não seja especialmente horrível a notícia que li na **Folha** deste domingo, sobre **a mais nova profissão do mundo**. Trata-se do "personal amigo", e o nome, por si só, já é um poema. Amigos, por definição, sempre serão pessoais; o "personal amigo" inverte o sentido da expressão.
> Você paga uma taxa – que vai de R$ 50 a R$ 300, imagino que de acordo com a qualidade do profissional – e fica com uma pessoa para conversar, ir com você ao shopping ou tomar uma água de coco durante sua caminhada. Nada de sexo: o "personal amigo" só faz companhia a seus clientes, nada mais do que isso. O fenômeno é incipiente, e nada garante que não venha a sofrer grandes mutações. Um motorista particular com diploma universitário, um "personal trainer" mais falante e eclético, um enfermeiro sem uniforme branco, um guarda-costas mirrado poderiam exercer, quem sabe, a mesma função. De resto, há pouquíssimos profissionais em atividade, pelo que diz a reportagem.

Fonte: COELHO, Marcelo. Do virtual ao personal. *Folha de S.Paulo*, 29 ago. 2007.

Por sua vez, o escritor produz **uma introdução (ativação) ancorada** sempre que um novo objeto de discurso é introduzido no texto, com base em algum tipo de associação com elementos já presentes no cotexto ou no contexto sociocognitivo dos interlocutores. É o que acontece com o texto seguinte no qual a expressão nominal "a festa" alude não a um referente que pode ser apontado no texto, mas faz remissão a informações contidas no cotexto antecedente.

> **Tatuados no baile**
> Após dois meses de reforma, A Mulher do Padre reabriu suas portas na rua Augusta com dez DJs, vodca, saquê, cerveja e 12 dúzias de ovos cozinhados pessoalmente pela dona, Paula Ferrali. **A festa**, cheia de modernos e modernas, contou com o maior número de tatuagens por metro quadrado da região dos Jardins.

Fonte: BERGAMO, Mônica. Tatuados no baile. *Folha de S.Paulo*, 22 out. 2008.

Casos de introdução de referentes de forma ancorada constituem **anáforas indiretas**, uma vez que não existe no cotexto um antecedente explícito, mas, sim, um elemento de relação que se pode denominar de *âncora* (SCHWARZ, 2000) e que é decisivo para a interpretação (KOCH, 2002; 2004).

Anáforas indiretas

Diferentemente das anáforas diretas que retomam (reativam) referentes previamente introduzidos no texto, estabelecendo uma relação de correferência entre o elemento anafórico e seu antecedente, na **anáfora indireta**, geralmente constituída por expressões nominais definidas, indefinidas e pronomes interpretados referencialmente sem que lhes corresponda um antecedente (ou subsequente) explícito no texto, ocorre uma estratégia de *ativação* de referentes novos, e não de uma *reativação* de referentes já conhecidos, o que constitui um processo de **referenciação implícita**, conforme pontua Marcuschi (2005).

Esse processo de referenciação implícita é constituído com base em elementos textuais ou modelos mentais e é muito mais comum a sua produção do que podemos imaginar. Tendo em vista a produção frequente de anáforas indiretas em nossas produções textuais e o papel relevante que desempenham na progressão e coerência do texto, trataremos mais detalhadamente a seguir das anáforas cujos antecedentes não podem ser apontados no texto, mas devem ser inferidos com base em âncoras textuais.

Segundo estudos de Koch (2002, 2004) e de Marcuschi (2005), respaldados em Schwarz (2000), as anáforas indiretas podem ser constituídas com base, por exemplo, em modelos cognitivos, inferências ancoradas no mundo textual ou em relações semânticas inscritas nos sintagmas nominais definidos, particularmente as relações meronímicas (relações parte-todo).

Para entendermos melhor o que foi dito, pensemos nos exemplos:

Exemplo 1

> A casa era antiga, **as portas sem alguns pedaços** que foram corroídos pelos cupins, **as janelas quebradas**, **as paredes pichadas** davam um ar sombrio à casa.

Fonte: Gabriela de Almeida Morais, 8ª série, Escola Estadual Thomazia Montoro.

Nele, observamos que as expressões definidas **as portas sem alguns pedaços**; **as janelas quebradas**, **as paredes pichadas** relacionam-se com a expressão a casa, introduzida no início do texto e que serve de âncora para a introdução daquelas expressões referenciais, em uma expressão assentada na relação parte-todo.

A mesma coisa acontece no **exemplo 2**. Nele, notamos que as expressões definidas: **os cabelos**, **os olhos azuis**, **a boca vermelhinha**, **a pele bem clarinha toda delicada** foram introduzidas no texto "ancoradas" na expressão textual uma jovem.

Exemplo 2

Logo que entrei o canto parou e vi um lindo retrato na parede, era de uma jovem.
Os cabelos eram bem pretos, os olhos azuis como o oceano, a boca vermelhinha como uma cereja e a pele bem clarinha, toda delicada...
Fiquei horas observando seus pequenos e belos detalhes.

Fonte: Fabíola Lima Nascimento, 8ª série, Escola Estadual Thomazia Montoro.

Em ambos os casos, temos **anáforas indiretas**, porque não podemos dizer que expressões **as portas** sem alguns pedaços; **as janelas** quebradas, **as paredes** pichadas (exemplo 1) e **os cabelos**, **os olhos azuis**, **a boca vermelhinha**, **a pele bem clarinha toda delicada** (exemplo 2) retomam, respectivamente, a casa e a jovem, mas, sim, que aquelas mantêm com estas algum tipo de relação.

Como dissemos anteriormente, as **anáforas indiretas** também podem ser constituídas com base em **esquemas cognitivos** ou **modelos mentais**. É o que observamos no exemplo a seguir em que a introdução da expressão referencial o hospital encontra-se ancorada textualmente na expressão um acidente e no modelo mental segundo o qual associamos **acidente** a hospital, médico, enfermeiro, doente, ambulância, etc., etc. Vamos ao exemplo:

[...] então meu pai nos deixou voltar para a estrada. Continuamos fazendo muito sucesso e ganhando muito dinheiro, mas um acidente inesperado aconteceu. Acordei no hospital. Depois fui para minha casa e logo percebi que meu irmão tinha falecido. Eu perdi a vontade de cantar.

Fonte: Marcus Vinícius M. Escarasate, 8ª série, Escola Estadual Thomazia Montoro.

Formas de progressão referencial

Para garantir a **continuidade de um texto** é preciso estabelecer um equilíbrio entre duas exigências fundamentais: **repetição (retroação)** e **progressão**. Isto é, na escrita de um texto, remete-se, continuamente, a referentes que já foram antes apresentados e, assim, introduzidos na memória do interlocutor; e acrescentam-se as informações novas, que, por sua vez, passarão também a constituir o suporte para outras informações.

Às retomadas ou remissões a um mesmo referente dá-se o nome de **progressão referencial**. Esta pode ser realizada por uma série de elementos linguísticos:

- **formas de valor pronominal**, como os pronomes propriamente ditos (pessoais de 3ª pessoa, possessivos, demonstrativos, indefinidos, interrogativos e relativos). No exemplo a seguir estão assinalados os dois casos de progressão referencial por pronominalização.

> **MAPA VERDE**
> ONU faz atlas de florestas relevantes
> Um atlas da ONU divulgado em Poznan (Polônia) aponta florestas que, se protegidas, beneficiam tanto o clima global quanto a preservação de espécies raras. **Ele** mostra a sobreposição de áreas altamente biodiversas e de grande estoque de carbono. Entre **elas** estão regiões da Amazônia, de Madagascar, do Congo e das Filipinas. Segundo o atlas (www.unep.org/pdf/carbon_biodiversity.pdf), se o mundo quiser salvar anfíbios e aves raras, por exemplo, deve proteger as matas da Amazônia Equatoriana.

Fonte: *Folha de S.Paulo*, 6 dez. 2006, Ciência.

- **numerais** (cardinais, ordinais, multiplicativos e fracionários). No exemplo a seguir, os numerais ordinais em destaque contribuem para a progressão referencial.

> Ao contrário do que se costuma supor, o descobrimento do Brasil foi bem documentado e aparece descrito em várias fontes primárias. Essas fontes podem ser divididas em **três grandes grupos**. **O primeiro** deles reúne as cartas escritas por membros da expedição de Cabral. **No segundo**, incluem-se as cartas redigidas pelos banqueiros ou mercadores que financiaram a armação da esquadra. **O terceiro** grupo de documentos originais é constituído pelas crônicas escritas na segunda metade do século XVI pelos historiadores oficiais do reino de Portugal.

Fonte: BUENO, Eduardo. *A viagem do descobrimento*: a verdadeira história da expedição de Cabral. Rio de Janeiro: Objetiva, 1998.

- **certos advérbios locativos** (aqui, lá, ali, etc.). No exemplo a seguir, são destacadas as expressões adverbiais que têm a função de fazer progredir referencialmente o texto:

> Dirigimo-nos ansiosos ao local do encontro. Ao chegarmos, lá estava a tia Rosa, que não víamos há mais de vinte anos. Ali mesmo, caímos nos braços dela a chorar de alegria.

- **elipses** que, no exemplo seguinte, se constituem abundantemente no trecho assinalado:

> **Vindos da África**
> Eles viviam na África e, há dois milhões de anos atrás, eram poucos. Eram quase seres humanos, embora tendessem a ser menores que seus descendentes que agora habitam o mundo. Andavam eretos e subiam montanhas com enorme habilidade.
> Alimentavam-se principalmente de frutas, nozes, sementes e outras plantas comestíveis, mas começavam a alimentar-se de carne. Seus implementos eram primitivos. Se tentavam dar forma a uma pedra, não conseguiam chegar muito longe com a modelagem. Provavelmente, conseguiam usar um pedaço de pau para defesa ou ataque, ou até mesmo para escavar, caso achassem um roedor escondendo-se num buraco. Não se sabe se construíam abrigos, feitos de arbustos e de pedaços de pau, para se protegerem dos ventos frios no inverno. Não há duvidas de que alguns moravam nas cavernas – se é que podiam ser encontradas cavernas – mas uma residência permanente desta forma teria restringido bastante a mobilidade necessária para se achar alimento suficiente. Para viver do que a terra oferecia eram necessárias longas caminhadas a lugares onde certas sementes e frutas pudessem ser encontradas. Sua dieta era o resultado de uma série de descobertas, feitas ao longo de centenas de milhares de anos. Uma descoberta de grande importância era saber se uma planta, aparentemente comestível, não era venenosa; vivendo a revirar os lugares à procura de novos alimentos em tempos de seca e fome, alguns devem, certamente, ter morrido por envenenamento.
> Há dois milhões de anos atrás, esses seres humanos, conhecidos como hominídeos, viviam principalmente nas regiões agora chamadas de Quênia, Tanzânia e Etiópia. Se a África for dividida em três zonas horizontais, a raça humana ocupava a zona do meio, ou zona tropical. Provavelmente, a maior parte desta eram pastos. De fato, uma mudança no clima há um ou dois milhões de anos antes, fazendo com que os pastos substituíssem em boa parte as florestas em certas regiões, pode ter incentivado esses humanos a, gradualmente, deixarem a companhia de seus parentes, os macacos, e a passarem mais tempo no chão.

Fonte: BLAINEY. Geoffrey. *Uma breve história do mundo*. São Paulo: Fundamento Educacional, 2004.

- **formas nominais reiteradas**, como bem ilustradas nos textos a seguir:

Texto 1

Quero-quero no gramado

RIO DE JANEIRO — Neste fim de semana, morreu mais **um quero-quero** nos gramados do Brasil. **Quero-quero** é aquele passarinho que frequenta os nossos campos de futebol e pode ser visto durante as partidas, perdido entre os jogadores e se arriscando a levar uma bolada. Às vezes, leva mesmo e morre, como aconteceu domingo, em Curitiba, no jogo Coritiba x Palmeiras. **O quero-quero** gosta de viver perigosamente. Imagine um bicho com, no máximo, 35 cm de altura e pesando 300 gramas, em meio a certos beques e volantes como os que abrilhantam hoje os nossos clubes. Alguns desses jogadores têm tão pouca intimidade com a bola que não será surpresa se um deles a confundir com **um quero-quero**. Estou escrevendo quero-quero, mas não existe o quero-quero individual. Estão sempre em bando, geralmente de meia dúzia, e não se sabe muito bem o que eles veem nos campos de futebol. O gramado, pelo menos, não parece um lugar seguro para a fêmea botar seus ovos – não enquanto o Obina estiver exercendo a profissão. Até há pouco, eu só via os bandos de quero-queros nos campinhos do interior nos jogos do Campeonato Paulista. Agora passei a ver **quero-queros** em toda parte, até mesmo no último estádio em que esperava encontrá-los: o Maracanã. E, como em todos os estádios, **os quero-queros** do Maracanã têm predileção por aquela área do gramado perto da bandeirinha do córner. Estou vendo a hora em que um zagueiro dará um carrinho **num quero-quero** junto à linha de fundo. Ou, ao bater um escanteio, o atacante mandará **o quero-quero** para dentro da área pensando que é a bola. Ou, num lançamento pelo alto para a zona do agrião, um goleiro mais afoito defenderá de soco mandando **o quero-quero** para longe, enquanto a bola penetra placidamente em seu gol.

Fonte: Castro, Ruy. Quero-quero no gramado. *Folha de S.Paulo*, 14 maio 2008.

Texto 2

Música

A música tem uma importância indescritível em nossas vidas. Por mais sutil que seja ela nos acompanha pela vida toda. Independente de seus estilos, ela sempre tem algo a nos dizer, a nos mostrar, **a música** tem o poder de transformar.

Há séculos as pessoas vêm fazendo música pelo mundo todo, das mais variadas formas de composição, **a música** sempre foi algo que agradou a todos, a prova disso é que a cada ano existem mais apreciadores. Seja para quando estivermos tristes, com raiva, ou realmente felizes, ouvir música é sempre um jeito animador de passar nosso tempo. Atualmente alguns problemas psicológicos ou emocionais são tratados com musicoterapia. **A música** é acrescentada ao dia-a-dia das pessoas sem elas nem perceberem. Quanto mais surgem apreciadores d**a música**, surgem músicos dispostos a mostrar que **a música** é também uma união de conhecimentos. Um exemplo disso foi um especial que o canal de televisão MTV fez com músicos brasileiros, juntando artistas de diferentes estilos para dividir um palco e quebrar barreiras e preconceitos. O especial chamado "Estúdio coca-cola" juntou Lenine com Marcelo D2, Nando Reis com Cachorro Grande, estilos totalmente diferentes, para mostrar ao público que apesar das diferenças musicais, um pode aprender com o outro sim.

Enfim, **a música** nos faz lembrar momentos importantes de nossas vidas, como o nosso primeiro encontro com uma pessoa especial, um dia importante, ou até mesmo um período de nossas vidas e o melhor de tudo isso: sabemos que vai fazer parte de muitos outros momentos especiais que ainda estão por vir.

Fonte: Laura Moscatelli Gallotti, 1º ano do ensino médio, Colégio Madre Alix.

- **formas nominais sinônimas ou quase sinônimas**, como, por exemplo, ocorre no texto:

A porta se abriu e apareceu uma menina. A garotinha tinha olhos azuis e longos cabelos dourados.

- **formas nominais hiperonímicas**, como, por exemplo, encontramos nos textos 1 e 2:

Texto 1

As centrais e suas ideias

BRASÍLIA — As centrais sindicais brasileiras enviaram uma carta a Lula. Fazem sugestões para enfrentar a atual crise financeira internacional. O documento é útil por dois motivos. Primeiro, para saber que existem seis centrais sindicais no Brasil. Segundo, por revelar o grau de desconexão da realidade por parte dos sindicalistas.

Fonte: RODRIGUES, Fernando. As centrais e suas ideias. *Folha de S.Paulo*, 19 nov. 2008.

Texto 2

PALEONTOLOGIA
China descobre fósseis de avó das tartarugas

Três fósseis de 220 milhões de anos encontrados no sudoeste da China parecem ter resolvido um debate longo sobre como surgiu o casco das tartarugas. Um estudo publicado na revista científica "Nature" aponta que a evolução ocorreu a partir de um alargamento da coluna vertebral e das costelas – não a partir da pele, como já se afirmou. A pesquisa indica também que o animal com dentes e metade do casco, Odontochelys, se originou na água e não em terra.
"Mas não estamos certos se era de água doce ou salgada", disse Chun Li, da Academia Chinesa de Ciências, ressaltando que a criatura era carnívora. Antes da descoberta, pensava-se que o ancestral mais antigo da tartaruga era o Proganochely. Achado na Alemanha, ele é 10 milhões de anos mais novo que o Odontochely.

Fonte: *Folha de S.Paulo,* 28 nov. 2008, Ciência.

- **nomes genéricos**, como, por exemplo, observamos nos textos:

Texto 1

Poemas para salvar os bichos

•••SHAONNY TAKAIAMA

Você sabe o que são animais silvestres? São todos os bichos que se reproduzem espontaneamente em terras brasileiras, sem a necessidade de viver em cativeiro para gerar novos descendentes.

Como exemplos de animais silvestres podem ser citados o mico-leão-da-cara-dourada, o tucano, o tatu, a onça pintada, o papagaio, o cavalo-marinho, a arara-canindé e tantos outros. Infelizmente, essas espécies são cada vez mais raras em nosso país, por causa do tráfico de animais silvestres.

Traficantes de animais são pessoas mal-intencionadas que vendem esses bichinhos embalados em garrafas, tubos de PVC, ou caixas minúsculas.

Muitos deles acabam machucados ou até morrem em condições tão precárias. Com isso tudo, não é de se espantar que haja 208 espécies ameaçadas de extinção no Brasil.

Para conscientizar as pessoas sobre a importância da preservação da fauna silvestre brasileira, a Editora Peirópolis acaba de lançar dois livros de poemas inspirados nos animais silvestres: *Rimas da Floresta – Poesia Para os Animais Ameaçados Pelo Homem*, de José Santos e Laurabeatriz e *Boniteza Silvestre*, de Lalau e Laurabeatriz.

Os livros são produzidos sem a emissão de gás carbônico, um poluente do planeta, o que significa dizer que são plantadas mudas de árvores durante o processo de impressão.

Cada livro custa R$ 24 e vem com um jogo de cartas com as imagens dos animais, o Jogo do Bicho-poema.

POEMAS

MACACO-PREGO

Desce daí!
Vem aqui!
Quer coquinho?
Que tal um carinho?
Desce daí!
Vem aqui!
Aceita banana?
E um pedaço de cana?
Desce daí!
Vem aqui!
Macaco danado.
Até parece
Que está pregado!

CAVALO-MARINHO

O que fazer
No fundo do fundo
Do mar?
Brincar!
De trem-fantasma,
Nas cortinas de alga.
De montanha-russa,
nas montanhas de coral.
E, em silencioso
Tropel
Cavalos-marinhos
Brincam
De carrossel.

Fonte: TAKAIAMA, Shaonny. Poemas para salvar os bichos. *O Estado de S.Paulo*, 8 set. 2007.

Texto 2

Pnuma escolhe 2009 como o "Ano do Gorila"

O Pnuma (Programa das Nações Unidas para o Meio Ambiente) escolheu o ano de 2009 como símbolo da luta para preservação do gorila. A iniciativa terá como objetivo ajudar a atrair verbas para programas de conservação. Por causa de caça, desmatamento e guerras, a população selvagem de gorilas caiu de 17.000 para 5.000 nos últimos dez anos. "É tempo de todos nós salvarmos essa magnífica criatura" e de garantir o futuro desse "primo da humanidade", afirmou a primatóloga Jane Goodall, uma das articuladoras da iniciativa do Pnuma.

Fonte: *Folha de S.Paulo*, 2 dez. 2008, Ciência.

Cadeias referenciais

Quando remetemos seguidamente a um mesmo referente ou a elementos estreitamente ligados a ele, formamos, no texto, *cadeias anafóricas ou referenciais*. Esse movimento de retroação a elementos já presentes no texto – ou passíveis de serem ativados a partir deles – constitui um **princípio de construção textual**, praticamente todos os textos possuem uma ou mais cadeias referenciais.

Por exemplo:

- **em sequências descritivas**, haverá pelo menos uma cadeia relativa ao elemento que está sendo descrito. No texto a seguir, estão destacados os elementos descritos e pronomes ou expressões nominais que os retomam, de modo a constituir as respectivas cadeias anafóricas.

> **Pequenas biografias**
>
> SÃO PAULO – Sumária vista d'olhos sobre figuras de proa da era Lula no Legislativo:
> 1 – João Paulo Cunha. Foi o primeiro presidente da Câmara na então nova era. Hoje, é réu, acusado de peculato, corrupção passiva e lavagem de dinheiro. Injustiça. O rapaz mandou a mulher pagar a conta da TV a cabo no banco, e ela saiu de lá com R$ 50 mil. Se ensinasse o truque a todos os brasileiros, seria o verdadeiro Fome Zero.
> 2 – Severino Cavalcanti. Foi o segundo presidente da Câmara na já não tão nova era. Renunciou para não ser cassado por falta de decoro. Assim mesmo, foi cassado pelos eleitores, que não o devolveram à Câmara. Típica ausência que preenche uma lacuna, se você me entende.
> 3 – Renan Calheiros. Atual presidente do Senado. Candidato certo ao livro dos recordes no quesito desfaçatez. Enfrenta três representações por falta de decoro, no Conselho de Ética da Casa, mas teve a tremenda cara-de-pau de dar o voto de Minerva para evitar que um colega fosse submetido a processo similar. Parece a típica aposta no mercado futuro: se, amanhã ou depois, o caso Renan for a votos, o beneficiado de ontem forçosamente será o "benefactor" de amanhã.
> 4 – Professor Luizinho – Foi líder do governo na Câmara quando era presidida por João Paulo Cunha (foi líder, sim, acredite). Agora, é réu, acusado de lavagem de dinheiro.
> O espaço não permite alongar a lista, mas é indispensável acrescentar que, fora esses dados, digamos, biográficos, não se conhece uma única ideia, tese, proposta, ação relevante de qualquer dos quatro, exceto de Calheiros. Ele foi um dos responsáveis pela invenção da candidatura Fernando Collor, o que o torna imbatível para o livro dos recordes no verbete desfaçatez.

Fonte: Rossi, Clóvis. Pequenas biografias. *Folha de S.Paulo*, 26 ago. 2007.

- **em sequências narrativas**, haverá várias cadeias, uma relacionada ao protagonista, outra referente ao antagonista e, provavelmente, outras que se refiram aos demais personagens, espaço ou objetos da história. Vejamos um exemplo:

> **A jangada e os três garotos tentando voltar para casa**
>
> Certo dia, Marcelo, Antonio e Pedro passeavam entediados pela praia até que...__ Ei, ei, vamos pescar!__ Boa ideia Pedro! Vamos pegar a jangada do papai.__ Vamos!Então, os três meninos foram bem longe da praia e pescaram durante um tempão, de repente...CABRUM!... começou uma tremenda tempestade.
> A jangada estava cheia de peixes e os meninos não conseguiram remar e voltar para casa. Com isso, a correnteza levou-os para uma ilha desconhecida. Já estava anoitecendo. Eles soltaram a âncora e foram dormir numa caverna.
> Havia amanhecido e eles encontraram um macaquinho bem sapeca que tinha um celular "v3" e tentaram fazer uma negociação. Um dos meninos ofereceu um cacho de bananas em troca do celular.
> O macaquinho aceitou a troca e todos ficaram felizes. Marcelo, Antônio e Pedro ligaram para o pai que imediatamente foi buscá-los de helicóptero. Moral da história: Nunca saia para pescar sem a presença de um adulto principalmente em jangadas e em dias abafados e entediantes.

Fonte: João Marcelo, Leonardo e Giovana, 4ª série, Colégio Madre Alix.

- **em sequências expositivas**, a cadeia anafórica principal dirá respeito ao referente (ideia) central que está sendo desenvolvido, podendo, evidentemente, haver outras, relativas aos demais referentes que forem sendo apresentados no curso da exposição. No texto de divulgação científica a seguir, em que predominam sequências expositivas, destacamos a cadeia anafórica alusiva ao referente principal. Vejamos:

> **Supersapo podia comer ovo de dinossauro, diz cientista**
>
> Um sapo de 4,5 kg e 41 cm de comprimento que viveu há mais de 65 milhões de anos é o maior animal do tipo a ter existido. A descoberta de um fóssil do anfíbio em Madagascar foi anunciada ontem pelo paleontólogo David Krause, da Universidade de Stony Brook (EUA). O sapo gigante foi batizado com o nome científico Beelzebufo ampinga, mistura de palavras em latim e grego antigo que quer dizer algo como "sapo diabólico de escudo", uma referência à carapaça protetora que o animal tinha na pele das costas. Segundo Krause, o supersapo tinha uma mandíbula poderosa. "Não está fora de possibilidade que o Beelzebufo capturasse lagartos, mamíferos, sapos menores e talvez – considerando seu tamanho – até dinossauros dentro de ovos", disse o cientista, que publica um estudo sobre o sapo na edição de hoje da revista científica "PNAS" (*www.pnas.org*).

Fonte: *Folha de S.Paulo*, 19 fev. 2008, Ciência.

Quando a cadeia referencial é formada por **pronomes pessoais de 3ª pessoa**, **retos ou oblíquos**, sempre que houver mais de um antecedente possível para a forma pronominal, a referência torna-se ambígua. Por isso, é preciso ter cuidado na construção de um enunciado, de modo que as ambiguidades sejam evitadas (a não ser, é claro, quando houver intenção, por exemplo, de produzir humor ou outros efeitos de sentido). No exemplo a seguir, o uso anafórico do pronome "ele", em destaque, gera ambiguidade e dificulta a compreensão da escrita. Vejamos:

Quem é "o ele"

Um dia Ricardo discutia com Luís:
– Você é "perna-de-pau" mesmo, hein! Não consegue nem dominar uma bola!
E ele respondia:
– Eu só errei está bom!!!
E ele retrucava:
– Está dizendo que um erro assim é normal?
E ele cogitava:
– Sim, eu estou dizendo!
E ele provocava:
– É "cara de pau"... Ainda contra-ataca!
E ele se defendia:
– Seu "bebê chorão", vai jogar bola e não reclama!
E ele ironizava:
– Agora eu é que sou o "bebê chorão", é?! E você é um mimadinho "matador de bolas de futebol"!
O técnico interferiu:
– Os dois: JÁ PARA O BANCO!
Ele ainda tentou reclamar com o técnico, mas ele não deixou!

FIM

Fonte: João Marcelo da Silva Elias, 5ª série, Colégio Madre Alix.

São exercícios desse tipo que podem ser feitos com os alunos, chamando-lhes a atenção para o problema a ser evitado e levando-os a produzir textos mais elaborados. Cabe lembrar, porém, que, na maioria dos casos, o leitor consegue compreender o texto, recorrendo a seus conhecimentos de mundo e a outras estratégias de interpretação.

Uma das formas mais ricas de progressão é aquela que podemos realizar por meio de expressões nominais, isto é, aquelas expressões que constam de um núcleo nominal (substantivo), acompanhado ou não de determinantes (artigos, pronomes adjetivos, numerais) e modificadores (adjetivos, locuções adjetivas, orações adjetivas). Por exemplo:

- A aluna
- A aluna estudiosa
- A aluna de francês
- A aluna que ganhou o prêmio
- Alguma aluna
- Esta aluna
- A primeira aluna da classe/ duas alunas/ estas duas alunas/ todas estas alunas
- Os dois livros que a aluna comprou
- Minha querida aluna da 8ª série, etc.

Funções das expressões nominais

As formas ou expressões nominais, ao efetuarem a progressão textual, podem desempenhar uma série de funções importantes para a construção dos sentidos no texto. Entre tais funções, podem-se destacar:

Organização do texto, quer no nível micro, quer no nível macroestrutural

No nível **microestrutural**, são elementos importantes para o estabelecimento da coesão textual, como verificamos em muitos textos já apresentados. No nível **macroestrutural**, são, em grande parte, responsáveis pela introdução de novos referentes, novas sequências ou episódios da narrativa e, portanto, também pela paragrafação. O texto a seguir revela o quanto as expressões referenciais contribuem para a delimitação do parágrafo.

> **GRUPO TRANSFORMA PELE HUMANA EM NEURÔNIOS**
> Tecido nervoso ganha potencial de células-tronco
>
> Um grupo de pesquisadores dos EUA conseguiu alterar células extraídas da pele de uma mulher de 82 anos sofrendo de uma doença nervosa degenerativa e conseguiram transformá-las em células capazes de se transformarem virtualmente em qualquer tipo de órgão do corpo. Em outras palavras, ganharam os poderes das células-tronco pluripotentes, normalmente obtidas a partir da destruição de embriões.
> **O método usado na pesquisa**, descrita hoje na revista "Science", existe desde o ano passado, quando um grupo liderado pelo japonês Shinya Yamanaka criou as chamadas iPS (células-tronco de pluripotência induzida). O novo estudo, porém, mostra pela primeira vez que é possível aplicá-lo a células de pessoas doentes, portadoras de ELA (esclerose lateral amiotrófica), mal que destrói o sistema nervoso progressivamente.
> **O sucesso do experimento** ainda não pode ser traduzido em terapia – os neurônios não foram reimplantados nas pacientes –, mas cria uma ferramenta inédita para estudo da doença em laboratório.
> **O estudo** começou com a equipe de Christopher Henderson, da Universidade Columbia, de Nova York, extraindo células de duas irmãs, de 89 e 82 anos, portadoras de ELA.
> Em 90% dos casos, a doença mata rapidamente as células que transmitem impulsos nervosos da coluna vertebral para os músculos, os neurônios motores. A maioria das vítimas morre em até cinco anos.

Fonte: ZOLNERKEVIC, Igor. Grupo transforma pele humana em neurônios. *Folha de S.Paulo*, 1º ago. 2008.

Recategorização de referentes

Os referentes já introduzidos no texto podem ser retomados mantendo as mesmas características e propriedades ou, como é muito comum, com alterações ou com o acréscimo de outras. Isto é, neste segundo caso, passam a fazer parte de outra(s) categorias(s), além daquelas com que foram inicialmente apresentadas. Exemplo:

> **Mamutes mecânicos**
>
> RIO DE JANEIRO — De algum tempo para cá, nossas ruas têm sido ocupadas por caminhões de vários eixos, ônibus quase da altura de prédios e toda espécie de jamantas, além de jipes, camionetes e camburões "de passeio", mas capazes de transportar até uma lancha. São veículos ideais para estradas com 12 pistas ou, como os tanques, para descampados onde esteja rolando uma guerra. Em vez disso, rodam pelas cidades com empáfia e agressividade assustadoras.
>
> Confira o triunfalismo com que se arremessam por ruas estreitas, destruindo um asfalto que não foi feito para aquele peso, e a superioridade de seus motoristas, alheios ao fato de que os veículos estão ceifando as árvores sobre suas cabeças. Será impossível frear a invasão desses mamutes mecânicos, impróprios para a vida urbana? Com todo o respeito pelos mamutes.
>
> Uma denúncia do Instituto do Patrimônio Histórico e Artístico Nacional (Iphan) é preocupante. Em Petrópolis (RJ), 17 imóveis tombados do centro histórico estão com a estrutura ameaçada. O material de que foram feitos e suas técnicas de construção não previam que, um dia, teriam de conviver com a trepidação provocada pelos megatrambolhos que passam a metros de suas portas. As imagens não mentem: paredes com rachaduras do chão ao teto comprometem a integridade de construções que, por quase cem anos, receberam um imperador, 17 presidentes, a antiga elite brasileira e uma das mais chiques e brilhantes comunidades diplomáticas do mundo. Muito do desenvolvimento do Brasil nos séculos 19 e 20 se deu entre as paredes de Petrópolis.
>
> Pode-se dizer que essa história já era, que o presente é outro e não quer nem saber. Mas o presente que atropela e esmaga o passado só terá, no futuro, sua própria mediocridade a exibir. Se tiver futuro.

Fonte: CASTRO, Ruy. Mamutes mecânicos. *Folha de S.Paulo*, 9 abr. 2007.

Explicação de termos por meio de sinonímia e hiperonímia, bem como definição de termos que se pressupõem desconhecidos do leitor

Quando o termo para introduzir um referente é de pouco uso ou específico de determinado gênero, podemos auxiliar o leitor substituindo esse termo, quando da retomada, por um sinônimo mais comum ou por um hiperônimo (termo de sentido mais amplo, que engloba o termo mais específico); ou, ainda, apresentar, na própria retomada, uma definição ou um esclarecimento.

Vejamos os exemplos

Texto 1

Adorado na Europa, ruibarbo é raro no Brasil

O nome esquisito não ajuda, mas, independentemente disso, poucos brasileiros saberiam dizer o que é um ruibarbo. Praticamente desconhecida em nosso país, essa planta herbácea nativa da China é adorada na Inglaterra e empregada no receituário de muitos outros países, como Itália, França e Rússia. "No Brasil, é bastante cara e difícil de achar. Alguns anos atrás, havia mais produtores, mas não tinha procura", afirma Luc Talon, chef do Café Pittoresque, especializado em culinária russa. "É um produto bem europeu, usado na comida caseira." Além do nome exótico, o ruibarbo apresenta outra peculiaridade. Botanicamente, trata-se de um vegetal, mas até a corte de comércio exterior dos Estados Unidos o classifica como fruta, já que é assim que costuma ser consumido.

Fonte: BOTELHO, Rachel. Adorado na Europa, ruibarbo é raro no Brasil. *Folha de S.Paulo*, 12 abr. 2007.

Texto 2

FUNDAÇÃO DIZ QUE NÃO HÁ RISCO NA POLPA INDUSTRIALIZADA

Açaí consumido em outros Estados passa por pasteurização, afirma a Funed.

Surtos de doença de Chagas ocorrem apenas em regiões onde o processamento da fruta é artesanal, diz também o Sindfrutas.

O açaí que é consumido em boa parte do Brasil não corre o risco de estar contaminado. É o que afirma a Funed (Fundação Ezequiel Dias), referência nacional no diagnóstico de doença de Chagas.
"O que é consumido [fora do Norte e Nordeste] é a polpa industrializada, que sofre o processo de pasteurização", diz a chefe do serviço de doenças parasitárias da fundação, Eliana Furtado Moreira.
No processo de pasteurização, a polpa do açaí é aquecida durante alguns segundos a temperaturas entre 80°C e 90°C, e depois é imediatamente resfriada. Esse processo elimina o agente causador da doença de Chagas. Além disso, a polpa vendida é congelada, o que elimina a possibilidade de o protozoário Trypanosoma cruzi estar presente na fruta.
O Pará é o principal produtor da fruta no país. Além de abastecer o mercado interno, exporta parte da produção.

Fonte: *Folha de S.Paulo*, 18 ago. 2007, Cotidiano.

Sumarização/encapsulamento de segmentos textuais antecedentes ou subsequentes, por meio de rotulação

Por ocasião da progressão referencial, é possível sumarizar-se todo um trecho anterior ou posterior do texto, por meio de uma forma pronominal ou nominal: é a isso que se denomina *encapsulamento*. Assim, o encapsulamento pode ser feito por meio de um pronome demonstrativo neutro, como *isto, isso, aquilo, o*, ou, então, por meio de uma expressão nominal, ocorrendo, então, o que se chama de *rotulação*.

Existem dois tipos principais de rotulação:

- aquele em que a designação feita pelo rótulo recai sobre os fatos, eventos, circunstâncias contidas no segmento textual encapsulado.

Cientista elucida explosão de estrela desaparecida em 1573

Quatro séculos atrás, o astrônomo dinamarquês Tycho Brahe desafiou colegas ao relatar o surgimento daquilo que achava ser uma nova estrela no céu, em 1572, que sumiu após brilhar por um ano. Só agora, porém, cientistas descobriram o que exatamente ele avistara. Na época, **o fenômeno** ajudou Brahe a argumentar que os objetos celestes além dos planetas não eram imutáveis. Astrônomos modernos já sabiam que aquilo na verdade foi uma supernova – a explosão de uma estrela –, mas não de qual tipo. Um estudo na revista "Nature" afirma agora que Brahe viu a morte de uma estrela do tipo anã branca. De tanto engolir matéria de outra estrela vizinha, sua gravidade cresceu e a fez entrar em colapso. O cientistas só conseguiram estudar o fenômeno tão antigo usando uma espécie de "eco luminoso". A luz da supernova passou pela Terra há muito tempo, mas parte dela atingira nuvens cósmicas de poeira, fazendo-as brilhar mais tarde. Esse brilho é o que foi analisado agora.

Fonte: *Folha de S.Paulo*, 4 dez. 2008, Ciência.

- aquele em que o rótulo nomeia o tipo de ação que o produtor atribui aos personagens presentes no segmento encapsulado, como a *declaração*, a *pergunta*, a *promessa*, a *reflexão*, a *dúvida*, etc., ou seja, aqueles que têm **função metadiscursiva**.

Dia dos Morenos

SÃO PAULO – Mãe, você sabia que quinta-feira não vai ter aula?
– É, filha, eu sei...
A garota, de apenas cinco anos, se apressa na explicação:
– É porque quinta-feira é feriado. É o Dia dos Morenos...
O diálogo que intrigou a mãe ocorreu na semana passada. Ao chamar o Dia da Consciência Negra assim, a criança, na inocência do seu eufemismo involuntário, que provavelmente ouviu de alguém (inocente?), toca o nervo da questão racial no Brasil.
Transformar a morte de Zumbi dos Palmares numa data "morena" é um sintoma do nosso racismo cordial, sem dúvida, mas também é uma forma de exaltar a mistura étnica da nossa formação, o caldeirão biológico e cultural em que borbulha nossa civilização mestiça.
Entre nós a escravidão não foi um impedimento à miscigenação – e quem tirou as consequências (não apenas) positivas disso foi Gilberto Freyre. Mas tampouco a miscigenação impediu que a herança brutal da escravidão sobrevivesse à Abolição, impondo-se ainda hoje, depois de 120 anos, como fardo e vergonha nacional.
Que ninguém de boa-fé subestime a exclusão dos negros no Brasil de hoje. A pesquisa publicada pela Folha oferece um retrato abundante das nossas iniquidades. Entre os 10% mais pobres do país, 68% são pretos e pardos. Não choca?
Uma inflamada discussão sobre cotas ganha corpo no país. O tema é complexo. Penso que políticas de inclusão com critérios de renda seriam socialmente mais eficazes e menos traumáticas que as cotas raciais, vistas pela maioria como "necessárias", mas "humilhantes".
O governo parece conduzir a questão com exagero populista e excessos facilitários. Quantos alunos da rede pública estão no ensino médio e não sabem escrever? O "pobrema" é mais embaixo.
Mas o que realmente chama a atenção nesse debate é a fúria de certos militantes anticotas para negros. Esbravejam como se um mundo – repleto de morenices e privilégios – fosse se extinguir.

Fonte: BARROS E SILVA, Fernando de. Dia dos morenos. *Folha de S.Paulo*, 24 nov. 2008.

Há, ainda, um tipo de rótulo que repete outro já presente no texto, para mostrar em relação a ele distanciamento, ironia, crítica. Em muitos casos estes rótulos vêm entre aspas.

No começo de junho, o mundo foi contemplado com mais uma notícia corriqueira da África: a guerra civil na República Democrática do Congo (ex-Zaire) matou pelo menos 1,7 milhão de seres humanos (algo como 5 por cento da população total!), apenas nos últimos dois anos. A imensa maioria das mortes foi provocada pela fome, pestes e epidemias (malária, diarreia, meningite e pólio), que poderiam ser evitadas se o sistema sanitário e hospitalar não tivesse sido completamente destruído pela guerra. [...]

[..] mídia internacional adora explicar que essas guerras na África são consequência de diferenças étnicas, particularmente entre os grupos hutus e tutsis, majoritários na região. Aparentemente, **a explicação** é exata. Basta lembrar a guerra entre os grupos hutus e tutsis de Ruanda e Burundi, que matou pelo menos 1 milhão de seres humanos, entre abril de 1994 e maio de 1997, além de deixar centenas de milhares de miseráveis campos de refugiados, expostos a todo tipo de peste e desnutrição.

Essa explicação étnica é útil, confortável e racista. Útil, porque esconde aqueles que lucram com a guerra [...] confortável, porque apaga as responsabilidades históricas dos países que colonizaram e dividiram a África, promoveram gigantescos e monstruosos genocídios e construíram, enfim, a imensa miséria daquele continente; racista, porque alimenta o estereótipo do negro como um ser "atrasado" e "fanático", imerso em lutas étnicas e religiosas.

Fonte: ARBEX JR., José. *Caros amigos*, ano IV, n. 40, julho/2000, p. 10.

Orientação argumentativa do texto

Tanto as expressões nominais (definidas e indefinidas), quanto os rótulos são recursos importantes para levar o leitor em direção às conclusões desejadas, isto é, para que o leitor apreenda a orientação argumentativa do texto. Daí a importância de selecionarmos aquelas expressões nominais e aqueles rótulos mais indicados para revelar o projeto de sentido.

TEXTO 1

Fonte: *Folha de S.Paulo*, 22 mar. 2007.

Texto 2

Palavras proibidas

RIO DE JANEIRO — Uma comissão da Câmara aprovou por unanimidade (ou seja, sem ler) o projeto do deputado Aldo Rebelo (PC do B-SP) banindo os estrangeirismos em voga no Brasil e obrigando sua substituição por equivalentes da língua portuguesa. Se o projeto for aprovado pelo Senado, significa que Aldo Rebelo passará a ditar como Millôr Fernandes, Carlos Heitor Cony, Luis Fernando Verissimo e todos nós poderemos escrever. Fico imaginando se Aldo Rebelo tivesse imposto **sua novilíngua** no século 19. Constaria apenas das palavras portuguesas e, quem sabe, indígenas. Isso quer dizer que ficaríamos privados da contribuição negra ao nosso vocabulário, já que muitos dos africanos trazidos como escravos eram estrangeiros, de nações fora do domínio colonial luso.

Angu, balaio, balangandã, banzé, banzo, batuque, berimbau, bugiganga, bunda, cachaça, cachimbo, caçula, cafuné, calombo, cambada, camundongo, candomblé, careca, cochilo, dengo, engambelar, fubá, jiló, macambúzio, mandinga, marimbondo, minhoca, mocotó, moleque, muamba, muxoxo, quitute, samba, senzala, tanga, vatapá, xingar, zumbi. Estas são apenas algumas palavras que viajaram nos porões dos navios e não seriam permitidas. Para Aldo Rebelo, só valeriam as que viessem no convés, faladas pelos brancos.

O nacionalismo tem suas virtudes, uma delas a de não se sujeitar a ser imposto por uma penada – exceto na Albânia, país dos amores do deputado. De fato, o brasileiro tem abusado do inglês em suas estratégias de marketing (olha ele aí) e fachadas de lojas. **A cafonice** impera. Mas a língua possui lógica própria. Só conserva o que o povo quer, e essa definição leva tempo.

Aldo Rebelo já fez melhor. Em 2005, graças a ele, o governo Lula instituiu o dia 31 de outubro como o Dia do Saci Pererê.

Fonte: CASTRO, Ruy. Palavras proibidas. *Folha de S.Paulo*, 5 jan. 2008.

Referenciação e ensino

Como vemos, a seleção das **formas nominais referenciais** deve merecer um especial cuidado na construção de todo e qualquer texto, levando em conta que essas formas desempenham um papel de maior relevância na **progressão textual** e na **construção do sentido**.

Para finalizar o capítulo, retomaremos, na análise proposta a seguir, tópicos abordados já que dizem respeito a modos de constituição do referente e de sua focalização/desfocalização, no curso da produção escrita.

> **Um objeto estranho** apareceu sobrevoando **a cidade**. **As asas metálicas** fulguravam ao sol. **Os moradores**, assustados e ao mesmo tempo maravilhados, comentavam agitados **o fato inusitado**. Começaram a surgir boatos de que se tratava de **uma espaçonave vinda de outro planeta**.

Um objeto estranho apareceu sobrevoando a cidade, enunciado que dá início ao texto, traz a informação nova, que vai constituir o foco da comunicação.

A expressão **a cidade** vem precedida de artigo definido, talvez por já ter sido mencionada anteriormente ou por estar presente no contexto situacional, havendo, assim, um pressuposto de que o leitor/ouvinte sabe de que cidade se está falando, ou seja, que se trata da informação dada. Se perguntarmos: O que aconteceu com a cidade? Teremos como resposta: Um objeto estranho apareceu sobrevoando-a. Todavia, pode ser também que se trate de um referente totalmente novo, apresentado pelo produtor como se fosse conhecido, por uma estratégia da preterição (protelação) ou suspense, como é comum em contos, romances, peças de oratória e outros gêneros textuais. Tal estratégia é frequentemente utilizada pelo produtor do texto com o objetivo de despertar a curiosidade do interlocutor, criando um suspense que só mais adiante será desfeito.

Uma **informação nova** é, em geral, introduzida pelo artigo indefinido ou por pronomes indefinidos, embora também o possa ser por nomes próprios ou nomes de objetos únicos (o sol, a lua, a Terra, etc.), que, por serem únicos e por fazerem parte do conhecimento geral, vêm antecedidos do artigo definido (a não ser quando acompanhados de uma adjetivação, como em um sol de inverno, uma lua inspiradora, etc.). A **informação dada**, por sua vez, é, em geral, introduzida por um artigo definido, embora haja uma série de exceções.

A expressão **as asas metálicas**, apesar de não ter aparecido antes, vai ser interpretada com base no enunciado anterior (um objeto que sobrevoa a cidade deve ter asas); da mesma forma, a expressão **os moradores** refere-se aos habitantes da cidade mencionada (toda cidade tem moradores). As duas expressões são, portanto, consideradas inferíveis pelo recurso ao conhecimento de mundo dos leitores e, por isso, vêm introduzidas pelo artigo definido. É a isso que se chama **anáforas indiretas**, conforme vimos anteriormente de modo mais detalhado. Isto é, trata-se de informações novas no texto, mas que vão ser interpretadas com base em informações já presentes nele ("um objeto estranho que sobrevoava a cidade" e "a cidade", respectivamente), que funcionam como âncoras ou gatilhos para a interpretação. Isso mostra que é sempre preciso recorrer ao nosso conhecimento de mundo para construir o sentido de um texto.

O fato inusitado refere-se a todo o acontecimento descrito no enunciado, isto é, usa-se uma expressão que 'encapsula' a parte anterior do texto e a nomeia de certa forma, no caso, como *fato inusitado,* fenômeno denominado de **rotulação**, como vimos em tópico anterior.

Por fim, a expressão "uma espaçonave vinda de outro planeta" refere-se ao objeto estranho que apareceu na cidade, nomeando-o por meio de outras propriedades capazes de caracterizá-lo. É a isso que se chama de **recategorização**. Um mesmo referente pode ser recategorizado de diversas maneiras, por meio de propriedades diferentes que lhe vão sendo atribuídas, cada uma revelando uma face diferente do mesmo objeto. Por essa razão, as recategorizações de um mesmo referente – que, ao mesmo tempo, retomam informação dada e trazem informação nova – constituem um instrumento poderoso para estabelecer a orientação argumentativa do texto.

7
Escrita e progressão sequencial

Trataremos, neste capítulo, de meios linguísticos por meio dos quais o produtor realiza a **sequenciação do texto escrito**. A escolha de um ou outro desses meios vai não só permitir o avanço do texto, mas também contribuir significativamente para a construção do sentido.

Há um conjunto de recursos que, mesmo fazendo o texto avançar, realizam algum tipo de **recorrência**, de modo a produzir um efeito de insistência, que temos denominado informalmente de "estratégia da 'água mole em pedra dura'".

Aquilo que é dito fica como que 'martelando' na mente do leitor, tentando levá-lo a concordar com os nossos argumentos. É o que faz o produtor do texto que reproduzimos a seguir, em uma clara demonstração do poder "persuasivo" da recorrência.

> **Medo**
>
> Grades e cães guardam as casas porque o medo chegou. Coldres deformam os paletós porque o medo está aí. A cidade incha, as favelas se despencam sobre vias expressas porque o medo e a fome chegaram sem pagar pedágio. Os menores vagueiam, trombam, assaltam, porque o medo chegou. Os soldados são adestrados para a guerra contra o crime, perseguem, matam

criminosos, suspeitos, desocupados, descarteirados, fugitivos da inanição. Os soldados têm medo e os que correm têm medo. Homens e mulheres, brancos, negros e pardos com medo da tortura, da Casa de Detenção, com medo dos juros, do desemprego, do Serviço de Proteção ao Crédito. Pais e mães com medo do tóxico, das madrugadas de espera na cidade selvagem. Os barracos com medo das casas grandes e dos carros de luxo. Os jardins com medo dos barracos e dos que se empilham entre tábuas na noite inclemente de chuvarada e frio.

Numa sociedade de medo a própria estrutura de Estado mete medo. Dominantes e dominados, opressores e oprimidos, com medo. O Fundo Social mete medo nos patrões, nos empregados, nos consumidores. Até os torturadores têm medo de seus torturados; os governantes, medo de perderem o mando, medo da vergonha de viverem sem palácios e deixarem as gavetas grávidas de vestígios...

Nas casas do Congresso, leis são aprovadas pelo decurso do medo. Que direito é distribuído num País de medo e impunidade, em que muitos que deveriam ser réus não o são porque vestem gravatas, ornam seus peitos com colares, correntes, comendas e medalhas, porque os seus crimes não lhes metem medo e medo têm de que um dia tudo mude?...

O medo é assunto predileto na TV. O povo, com medo, pede sangue. E o medo dá ibope, vende cigarros, eletrodomésticos, calças. O medo tem mil e uma utilidades.

Anteontem, o juiz Adauto Alonso Silvinho Suannes, recebendo em nome do Tribunal de Alçada Criminal de São Paulo dois novos companheiros, advertiu-os de que no novo cargo chorariam também "o insuportável peso da impotência deste Tribunal para fazer face a um sistema social desumano, que faz questão de manter marginalizado aquele que se atreveu denunciar comportalmente as regras cínicas e injustas da sociedade em que vive". E, carregado de angústia, indagou: "Quem é o ladrão senão alguém que nos joga em rosto o sentido infantil de uma concepção do direito de propriedade, puramente individualista incompatível com o bem comum a que tal direito se destina? Quem é o ladrão senão alguém que executa *manu militari* aquela hipoteca social que pesa sobre toda propriedade individual, para usar da expressão de Paulo 6º, tão conforme à doutrina cristã?"

Diante da angústia do juiz reto e sem medo, situo-me a expiar, com medo, o travo da impotência que afirmo como forma de racionalizar o medo, medo de denunciar, de contestar, medo até de confessar o medo, de reconhecer que as palavras e os gestos nascem pelo fluxo da adrenalina, como autodefesa diante do medo. O medo dos segredos que habitam minha memória solitária e com os quais tenho medo de conviver e pelos quais tenho medo de um dia morrer.

Olho, como tantos, na praça deserta, no campo nu, o céu limpo da noite transparente, de estrelas mortas que metem medo: não sei se o frio que sinto é sinal de geada ou é só o frio do medo de não amanhecer. E fico a cismar: quem são os ladrões? De que ladrões tenho medo?

Fonte: DIAS, José Carlos. Medo. *Folha de S.Paulo*, 28 ago. 1981.

Entre esses meios, podemos mencionar **as repetições, os parafraseamentos, os paralelismos e os recursos fonológicos (segmentais e suprassegmentais)**.

A par desses, temos também **a recorrência de tempos verbais**, que, conforme veremos, traz ao leitor informações importantes sobre o modo como o texto deve ser entendido. Passamos agora à discussão desses recursos.

Repetição

A **repetição** ou **recorrência de termos** é uma das formas de progressão textual de que pode se valer o produtor. Esse tipo de recorrência tem sido frequentemente considerado vicioso e, por isso, condenado. O que ocorre, na verdade, é que a repetição é também um poderoso recurso retórico. Portanto, há repetições "viciosas" e repetições enfáticas, retóricas.

Muitos textos são construídos tomando como base a repetição, que produz, nesses casos, não só efeitos estilísticos, mas, sobretudo, argumentativos. Daí a presença constante desse recurso em peças oratórias e textos em geral que se destinem a persuadir os interlocutores.

É o que notamos no texto a seguir, em que a repetição da expressão nominal "a culpada" assume função argumentativa na progressão textual. Passemos à leitura do texto:

> **Tipos que não invejamos**
>
> A culpada é um tipo que invejamos? Ela sofre. E muito. Pois sente culpa de todas as espécies e por todos os motivos. Acredita piamente que, por culpa sua, Adão e Eva causaram aquele constrangimento e foram expulsos do Paraíso, prejudicando o desenvolvimento da humanidade. E, sim, algum antepassado egípcio foi responsável pelo êxodo e pelas pragas.
> A culpada recicla o lixo, pois sabe que, por sua causa, o mundo está acabando. A culpada pertence a muitas ONGs. Uma delas planta árvores. A culpada é Carbon Free, isto é, a sua existência não aquece o planeta, pois ela calculou com exatidão quanto de carbono e metano expele na atmosfera, e compensa o estrago aos fins de semana, plantando ipês-amarelos e roxos. Aliás, ela está vendendo Crédito de Carbono, pois planta mais do que gasta. Interessa?
> A culpada desconfia de que os golfinhos chineses foram extintos por sua causa, pois ela, no passado, inocentemente, brincou com bonecas chinesas

e videogames chineses, usou roupas chinesas e escovou dentes e cabelos com escovas adivinha de qual procedência? Apoiando a indústria chinesa, sente-se responsável pela poluição do Yang Tse e, portanto, pela extinção do golfinho chinês.

Ela desconfia que a crise nas favelas cariocas dominadas pelo tráfico também é culpa sua, já que a tal boneca, o tal videogame e as escovas foram compradas sem a sua autorização de um camelô que vendia produtos contrabandeados e piratas (genéricos), e ela hoje em dia sabe muito que comprar produtos dessa procedência alimenta o crime organizado, inclusive o organizado no Corinthians.

A culpada acredita que há corrupção em Brasília, porque ela vota mal. Que há poluição de São Paulo, porque ela queimou incenso na fase hippie. A culpada vive dilemas intransponíveis: compra móveis de madeira e imagina quantas florestas foram derrubadas, quantas araras azuis estão sem um local seguro para abrigar seus ninhos, quantos micos-leões não podem pular de árvore em árvore e correm o risco de extinção por tristeza; mas se ela comprar móveis de plástico, pergunta quantos séculos serão precisos para aquelas futilidades em que se senta, dorme e come, conhecidas como cadeira, cama e mesa, desintegrarem-se; se compra móveis reciclados, imagina crianças esfomeadas, que deveriam estar nas escolas, nos lixões catando detritos.

A culpada acredita que os tênis são fabricados na Tailândia com o uso de mão-de-obra escrava. Por isso, anda descalça. Não, ela também não usa couro, já que a fronteira verde está sendo tomada pelo gado, hectares de florestas estão sendo derrubadas para a plantação de soja, que alimenta o mesmo gado que, num luxo desnecessário, será transformado em sandálias, cintos e botas de couro.

A culpada não toma leite, porque sabe que o bovino é o maior emissor de metano na atmosfera. Não toma seus equivalentes de soja, pois não quer ver o Pantanal ser substituído por plantações extensivas do grão.

A culpada é a favor da cota para negros nas universidades. Pois ela tem certeza de que a escravidão gerou lucro para algum parente seu. Ela contribui com Israel, enviando dinheiro para lá, pois, por ter olhos azuis, acredita que na 2ª Guerra teve parente seu envolvido. Também contribui para a causa Palestina, já que, como contribui para Israel, acha injusto não democratizar recursos. Ela se sente culpada pelo 11 de Setembro, pois quando era pequena e viajou para a Disney, notou que a segurança dos aeroportos americanos não foi rigorosa, já que não revistaram a sua boneca chinesa, sem contar que os pilotos do avião a convidaram para visitar a cabine, o que ela atendeu, levando sua escova de dente chinesa, cujo cabo, pontudo e afiado, poderia ser usado para o mal. Ela tinha de ter insistido com as autoridades, enviado cartas aos jornais, feito de tudo, para alertar sobre as falhas.

A culpada não tem animais de estimação. Retirar bichinhos da natureza, no caso de cães e gatos, castrá-los? Logo ela que fez passeata contra a clitoridectomia das Massai? Ela estudou História, para entender a humanidade, Psicologia, para entender o indivíduo, e Saúde Pública, adivinha por quê? Acabou de se inscrever para uma faculdade de Direito. Perto da sua casa. Para não queimar mais carbono. Porque culpada não paga meia, utilizando o artifício da carteirinha falsificada. Prefere estudar numa faculdade, para ter uma verídica, a ser acusada de causar danos à indústria cultural e levar artistas à fome.

A culpada profissional não tem filhos, pois sabe que se sentirá culpada por não ficar mais tempo com as crianças. Ela não conseguirá matricular o seu bebê de meses numa escola. Ela não conseguirá usar fraudas não biodegradáveis. E não terá tempo para lavar as de pano, cheias de substâncias que exalam metano, por sinal.

Só não sabemos se a culpada sente culpa por ser culpada.

O filme belga Propriedade Privada, de Joachim Lafosse, em cartaz, gira em torno da decisão de uma mãe separada (Isabelle Huppert): vender a propriedade privada, uma casa de campo, em que criou e mora com seus dois filhos gêmeos. No entanto, o título faz alusão a outra propriedade privada, a própria mãe, já que filhos manipulam a sua vida, encontros, roupas e até o futuro. Os dois garotões (Jérémie e Yannick Renier, irmãos também na 'vida real'), não cortam o cordão umbilical, não pretendem largar o abrigo seguro do lar e lutam pelo controle da mãe; um com censura e rigor, o outro com sedução.

A dinâmica do mundo moderno desconstrói a hierarquia familiar. Quem manda na casa de muitas famílias hoje são os filhos. A culpa que os pais carregam, por não poder passar mais tempo com seus pimpolhos, transforma-se num drama contemporâneo e alimenta a formação de uma geração imensa de jovens mimados, que mandam e desmandam em casa e ganham presentes descabidos – a recompensa pela falta de atenção. No filme, parece incrível, mas é a mãe que se sente sufocada e foge de casa.

Hoje, muitos adolescentes são VIPs em lares de pais culpados. Imagine o mundo no futuro, comandado por esses mimados...

Fonte: RUBENS PAIVA, Marcelo. Tipos que não invejamos. *O Estado de S. Paulo*, 13 out. 2007.

Ainda para ressaltar a repetição com efeito estilístico e retórico na progressão textual, selecionamos o anúncio a seguir:

> A ÚLTIMA PALAVRA EM CONFORTO.
> A ÚLTIMA PALAVRA EM SOFISTICAÇÃO.
> A ÚLTIMA PALAVRA EM DESIGN.
> A ÚLTIMA PALAVRA DA QUATRO RODAS.
> No comparativo da revista, a vitória é do novo Corolla.*

Fonte: *O Estado de S.Paulo*, 29 jul. 2008.

Paralelismo

Outra estratégia de progressão textual utilizada na produção escrita, o **paralelismo**, consiste na repetição sucessiva da mesma estrutura sintática, preenchida por elementos lexicais diferentes. É o que acontece nos **textos 1**, **2** e **3**.

No **texto 1**, o paralelismo se materializa na manutenção da "fórmula": estrutura condicional, iniciada pelo **se** (antecedente) e seguida pela oração principal (consequente), conforme observamos no trecho em destaque:

Texto 1

Roleta-russa, agora no ar

SÃO PAULO — São Paulo acrescenta continuamente requintes à roleta-russa em que se transformou a vida na cidade. Antes, o paulistano já sabia que, se escapasse de assalto, poderia cair em um sequestro (relâmpago ou duradouro, que a roleta-russa é sofisticada). Se não fosse sequestrado, teria o carro roubado. Se ficasse com o carro, afundaria em algum dos alagamentos bíblicos do cotidiano.
Se não naufragasse, ficaria preso em um congestionamento cinematográfico. E, se nada disso ocorresse, ainda haveria na agulha a bala de cair no buraco do metrô e ter o cadáver resgatado apenas uma semana ou dez dias depois. Soma-se agora à roleta-russa até o ato de fugir dela ao deixar a cidade por via aérea. Sempre há o risco de levar para ir ao Rio ou a Salvador o mesmo tempo que cidadãos normais tardam para ir de Nova York a Londres (ou até Tóquio).
O caos aéreo serviu para acentuar outra característica dos paulistas (na verdade, comum a 99% dos brasileiros): em vez de enfrentar o problema, tratam de acomodar-se a ele. No lugar de drásticos protestos contra o apagão dos voos, o brasileiro faz estoque de livros, de iPods ou de "games" para celular – e aguenta o tranco na roleta-russa dos aeroportos. Já já alguém vai escrever o manual de auto-ajuda: "Como passar o dia em Congonhas e ser feliz". Nem em aeroporto do interior do Haiti admite-se que a chuva possa ser motivo para interrupção dos voos. Aqui, aceita-se tranquilamente medir o volume de água na pista para autorizar ou não voos no mais movimentado aeroporto da pátria esculhambada.
Coisa de comédia, que, no entanto, se incorporou aos usos e costumes do país, como se fosse parte da paisagem. Como as favelas, as balas perdidas, os assaltos, os sequestros, a educação em frangalhos, a saúde profundamente doente, os políticos corruptos...

Fonte: Rossi, Clóvis. Roleta-russa, agora no ar. *Folha de S.Paulo*, 20 mar. 2007.

No **texto 2**, o paralelismo é um recurso de alto poder argumentativo de que se vale o autor ao longo de sua produção, conforme assinalado:

Texto 2

Estudo da ênfase

As paixões do coração humano, como as divide e enumera Aristóteles, são onze; mas todas elas se reduzem a duas capitais: amor e ódio. E estes dois afetos cegos são os dois polos em que se resolve o mundo, por isso tão mal governado. Eles são os que pesam os merecimentos, eles os que qualificam as ações, eles os que avaliam as prendas, eles os que repartem as fortunas. Eles são os que enfeitam ou descompõem, eles os que pintam ou despintam os objetos, dando e tirando a seu arbítrio, a cor, a medida e ainda o mesmo ser e substância, sem outra distinção ou juízo que aborrecer ou amar. Se os olhos veem com amor, o corvo é branco; se com ódio, o cisne é negro; se com amor, o demônio é formoso; se com ódio, o anjo é feio; se com amor, o pigmeu é gigante; se com ódio, o gigante é pigmeu; se com amor, o que não é tem ser; se com ódio, o que tem ser, e é bem que seja, não é e nem será jamais. Por isso se veem, com perpétuo clamor da justiça os indignos levantados e as dignidades abatidas; os talentos ociosos, e as incapacidades com mando; a ignorância graduada, e a ciência sem honra; a fraqueza com o bastão e o valor posto a um canto; o vício sobre os altares e a virtude sem culto; os milagres acusados e os milagrosos réus. Pode haver maior violência da razão? Pode haver maior escândalo da natureza? Pode haver maior perdição da república? Pois tudo isto é o que faz e desfaz a paixão dos olhos humanos, cegos quando se fecham e cegos quando se abrem; cegos quando amam e cegos quando aborrecem; cegos quando aprovam e cegos quando condenam; cegos quando não veem e quando veem muito mais cegos.

Fonte: VIEIRA, Pe. Antônio. Estudo da ênfase. In: VIEIRA, Pe. Antônio. *Trechos escolhidos* (org. Eugênio Gomes). Rio de Janeiro: Agir, 1971.

No **texto 3,** o paralelismo é constitutivo de quase todo o poema, assumindo forte efeito estilístico, além de retórico, pela manutenção da estrutura: "UM ..... QUE NÃO ....", como facilmente pode ser percebido a seguir.

Texto 3

Era uma vez

Um rei leão que não era rei.
Um pato que não fazia quá-quá.
Um cão que não latia.
Um peixe que não nadava.
Um pássaro que não voava.
Um tigre que não comia.
Um gato que não miava.
Um homem que não pensava...
E, enfim, era uma natureza sem nada.
Acabada. Depredada.
Pelo homem que não pensava.

Poema de LAURA ARAÚJO CUNHA, aluna da 5ª série do Colégio Santa Doroteia, de Belo Horizonte (MG)

Amazonas criada por Theodora Barbosa Francisco, 6, de Jarinu (SP)

Cavalo desenhado por Ana Luiza Barbosa Francisco, 8, de Jarinu (SP)

>> Mande mensagens e desenhos para a Folhinha (al. Barão de Limeira, 425, 4º andar, CEP 01202-900, São Paulo, SP). Ou envie e-mail para folhinha@uol.com.br.

Fonte: *Folha de S.Paulo*, 7 abr. 2007, Folhinha.

Em grande número de casos, o paralelismo é acompanhado também do recurso fonológico da **similicadência** (identidade de metro, ritmo e rima), o que incrementa o efeito desejado. No texto a seguir, o trecho assinalado é um excelente exemplo do que acabamos de dizer:

> **A aldeia que nunca mais foi a mesma**
>
> Era uma aldeia de pescadores de onde a alegria fugira, e os dias e as noites se sucediam numa monotonia sem fim, ==das mesmas coisas que aconteciam, das mesmas coisas que se diziam, dos mesmos gestos que se faziam==, e os olhares eram tristes, baços peixes que já nada procuravam, por saberem inútil procurar qualquer coisa, os rostos vazios de sorrisos e de surpresas, a morte prematura morando no enfado, só as intermináveis rotinas do dia a dia, prisão daqueles que se haviam condenado a si mesmos, sem esperanças, nenhuma outra praia pra onde navegar...
> Até que o mar, quebrando um mundo, anunciou de longe que trazia nas suas ondas coisa nova, desconhecida, forma disforme que flutuava, e todos vieram à praia, na espera... E ali ficaram, até que o mar, sem se apressar, trouxe a coisa e a depositou na areia, surpresa triste, um homem morto... [...]

Fonte: ALVES, Rubem. A aldeia que nunca mais foi a mesma. *Folha de S.Paulo*. 19 mai. 1984.

Parafraseamento

Na atividade de escrita, é comum recorrermos ao expediente por meio do qual explicamos ou esclarecemos para o leitor o que foi dito anteriormente, a fim de evitar "incompreensões". Em outras palavras: reapresentamos conteúdos anteriores em construções sintáticas diferentes, visando um ajustamento, uma precisão maior do sentido.

É comum reformularmos várias vezes o que foi dito, sendo as **paráfrases** geralmente introduzidas por um marcador de reformulação do tipo: **isto é**, **ou seja**, **ou melhor**, **melhor dizendo**, **dizendo de outra forma**, **em outras palavras**, etc.

No **texto 1**, encontra-se destacado o parafraseamento encabeçado pela expressão "ou melhor". Por sua vez, o **texto 2** tem o destaque na paráfrase iniciada por "ou seja". Vamos aos textos:

Texto 1

A fênix é um pássaro das Arábias. Não morre nunca. Ou melhor: morre muitas vezes, queimada no fogo, e cada vez renasce das cinzas.

Como a fênix só renasce a cada 1.500 anos, fica difícil saber se foi ela mesma que renasceu. Mas os egípcios dizem que sim. Então é o único pássaro do mundo que é pai, mãe e filho de si mesmo.

Fonte: NESTROVSKI, Arthur. *Bichos que existem e bichos que não existem*. Ilust. Maria Eugênia. São Paulo: Cosac & Naify, 2002.

Texto 2

COMO FAZÍAMOS SEM...
BANHO

PROVA de que não são exatamente os tempos, mas o caráter de cada povo que determina as tradições, é o costume de tomar banhos. Ou de não tomar banho. Os gregos e romanos, por exemplo, sempre foram adeptos da prática. Já os europeus, em pleno século XIX, fugiam da água como se ela fosse praga. Literalmente. É que como a água quente dilata os poros, os médicos europeus acreditavam que os banhos facilitavam a entrada de germes. Ou seja, fugir das banheiras era recomendado como uma medida de higiene. Outra crença dizia que a água amolecia o organismo e impedia o crescimento. Assim, crianças eram frequentemente impedidas de entrar no banho

Fonte: SOALHEIRO, Bárbara. *Como fazíamos sem...* São Paulo: Panda Books, 2006.

Mais um rico exemplo de paráfrase na progressão textual encontra-se destacado no texto de André Laurentino a seguir:

É fácil

Esta não é uma coluna engraçada. Nem sagaz. Nem irônica. Nem delicada, ou mesmo sutil. Tomara que ela seja uma coluna útil. Primeiramente, para mim (egoísmo), depois para você (altruísmo) e finalmente para a nossa cidade (socialismo).

O assunto aqui é a rotatória. Sim, a rotatória. Mas o que é isto? Não pergunte ao Aurélio ou ao Houaiss, eles desconhecem a palavra. E nem precisa perguntar a mim pois já respondo de pronto: rotatórias são aquelas ilhas redondas no centro de alguns cruzamentos, por onde alguns carros passam por cima apesar das lajotinhas amarelas grudadas no asfalto.

Agora que já sabemos o que são, o que dizer sobre elas? Muitas coisas. Sendo esta a primeira: o carro que está na rotatória tem preferência. Novamente: o carro que está na rotatória tem preferência. O carro que está na rotatória tem preferência. O carro que está na rotatória tem preferência. Não sei se você decorou. Mas é fácil. Tentemos, por via das dúvidas, outras formas de fixar na cabeça do motorista paulistano esta regra singela. Quem sabe uma rima ajude: girando na circunferência, o carro tem preferência. Ou talvez à maneira de adágio popular: em ilha que carro roda, o outro é quem se incomoda. Ou em forma de aviso de elevador (nunca desrespeitado, portanto eficiente): antes de entrar na rotatória, verifique se a mesma encontra-se desobstruída de atividade automotiva. Pronto. Em todo lugar do mundo é assim. Menos aqui, onde ninguém faz ideia de como funciona a etiqueta da rotatória. E, nesta dúvida, abre-se espaço para a gentileza e o cavalheirismo de cada qual. Acontece que no trânsito não há espaço para a gentileza e o cavalheirismo. Entre um carro e outro existem motoboys, não cordialidade. Há que se observar a convenção. Se você quer ir contra a mais básica delas – quem passa primeiro – acaba por estragar a função principal das rotatórias: promover a fluidez no trânsito (fluidez no trânsito? Tudo bem, não conseguem. Mas é para isso que servem).

Então, de uma vez por todas, lembre-se: cruzamentos não fazem de você uma ambulância. Dê preferência a quem está na rotatória. São náufragos girando ao redor da ilha, em busca de uma reta, de um destino. Respeite este momento.

Uma vez observado o tópico de hoje, passe para outro mais complexo: buzinas não aceleram um engarrafamento. Mas isso já é uma outra história.

Fonte: LAURENTINO, André. É fácil. *O Estado de S.Paulo*, 28 mar. 2008.

Recursos de ordem fonológica

Trata-se, aqui, de fatos **suprassegmentais**, como a **entonação**, o **metro**, a **rima**, o **ritmo**, isto é, a **similicadência**, como no texto do Pe. Vieira anteriormente apresentado e que marca também a composição do **texto 1**; e **segmentais**, como a aliteração e as assonâncias constitutivas do **texto 2**. Vejamos:

Texto 1

tec, tec

tec, tec, tec
tuc, tuc, tuc
bate a porta do armário

ah, ah, ah
uf, uf, uf
de susto quase que eu caio

fok, fok, fok
uk, uk, uk
de raiva quase desmaio

puk, puk, puk
pef, pef, pef
e isso só pela porta do armário??

isso é só culpa dessa danada,
que bate, me assusta
e ainda de raiva,
eu quase desmaio!

se não bastasse no final,
faz ficar me perguntando:
"tudo isso pela porta do armário??"...
ah, se ela não pedir desculpas,
eu vou virar um raio!

Fonte: João Marcelo da Silva Elias, 4ª série, Colégio Madre Alix.

172 Ingedore Villaça Koch • Vanda Maria Elias

TEXTO 2

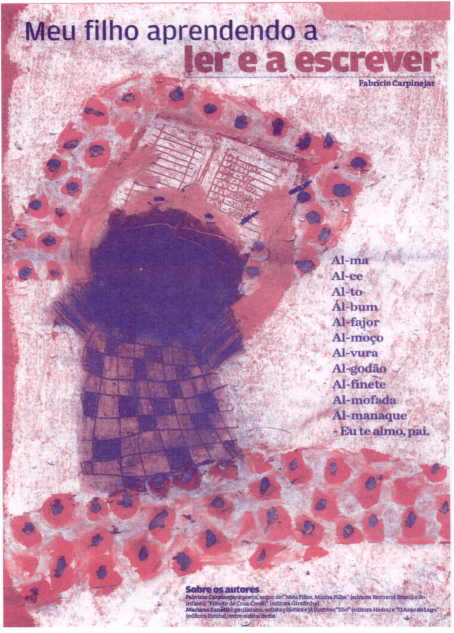

Meu filho aprendendo a ler e a escrever
Fabrício Carpinejar

Al-ma
Al-ce
Al-to
Ál-bum
Al-fajor
Al-moço
Al-vura
Al-godão
Al-finete
Al-mofada
Al-manaque
- Eu te almo, pai.

Sobre os autores
Fabrício Carpinejar é poeta, autor de "Meu Filho, Minha Filha" (editora Bertrand Brasil) e do infantil "Filhote de Cruz-Credo" (editora Girafinha).
Mariana Zanetti é paulistana, artista plástica e já ilustrou "Zôo" (editora Hedra) e "O Anjo do Lago" (editora Biruta), entre outros livros.

Fonte: CARPINEJAR, Fabrício. Meu filho aprendendo a ler e a escrever. *Folha de S.Paulo*, 11 ago. 2007.

Recorrência de tempos verbais

O uso de tempos verbais está diretamente ligado ao nosso tipo de atitude comunicativa (Weinrich, 1964, 1971). Há **tempos que servem para narrar** (pretéritos perfeito, imperfeito, mais que perfeito e futuro do pretérito do indicativo) e **tempos que servem para comentar**, **criticar**, **apresentar reflexões** (presente, futuro do presente, pretérito perfeito simples e composto do indicativo).

Na narrativa, o **pretérito perfeito** marca o primeiro plano e o **pretérito imperfeito** marca o segundo plano (pano de fundo). Assim, a repetição de um mesmo tempo verbal pode informar ao nosso leitor se estamos narrando ou fazendo comentários, críticas, discussões; no caso das narrativas, podemos assinalar o primeiro plano (as ações dos personagens, a trama propriamente dita) ou o segundo plano (descrições de espaços, ambientes, personagens).

Portanto, quando mudamos a sequência de tempos verbais que vínhamos repetindo, avisamos o leitor de que vai ocorrer uma mudança ou de plano (primeiro ou segundo plano), ou de atitude comunicativa (narrativa ou comentário). A fim de exemplificar o que foi dito anteriormente, selecionamos o texto a seguir. De "**O trenzinho recebeu em Maguari o pessoal do matadouro...**" até "**Parecia trem de carga o trem de Maguari**", tem-se o segundo plano (pano de fundo) da narrativa; a partir de "**Porém, aconteceu que no dia 6 de maio ...**", passa-se ao primeiro plano, o da ação propriamente dita.

> **Apólogo brasileiro sem véu de alegoria**
>
> O trenzinho recebeu em Maguari o pessoal do matadouro e tocou para Belém. Já era noite. Só se sentia o cheiro doce do sangue. As manchas da roupa dos passageiros ninguém via porque não havia luz. De vez em quando passava uma fagulha que a chaminé da locomotiva botava. E os vagões no escuro.
> Trem misterioso. Noite fora, noite dentro. O chefe vinha recolher os bilhetes de cigarro na boca. Chegava a passagem bem perto da ponta acesa e dava uma chupada para fazer mais luz. Via mal-e-mal a data e ia guardando no bolso. Havia sempre uns que gritavam:
> – Vá pisar no inferno!
> Ele pedia perdão (ou não pedia) e continuava seu caminho. Os vagões sacolejando.
> O trenzinho seguia danado para Belém porque o maquinista não tinha jantado até aquela hora. Os que não dormiam aproveitando a escuridão conver-

savam e até gesticulavam por força do hábito brasileiro. Ou então cantavam, assobiavam. Só as mulheres se encolhiam com medo de algum desrespeito. Noite sem lua nem nada. Os fósforos é que alumiavam um instante as caras cansadas e a pretidão feia caía novamente. Ninguém estranhava. Era assim mesmo todos os dias. O pessoal do matadouro já estava acostumado. Parecia trem de carga o trem de Maguari.

* * *

Porém, aconteceu que no dia 6 de maio viajava no penúltimo banco do lado direito do segundo vagão um cego de óculos azuis. Cego baiano das margens do Verde de Baixo. Flautista de profissão dera um concerto em Bragança. Parara em Maguari. Voltava para Belém com setenta e quatrocentos no bolso. O taioca guia dele só dava uma folga no bocejo para cuspir.
Baiano velho estava contente. Primeiro deu uma cotovelada no secretário e puxou conversa. Puxou à toa porque não veio nada. Então principiou a assobiar. Assobiou uma valsa (dessas que vão subindo, vão subindo e depois descendo, vêm descendo), uma polca, um pedaço do Trovador. Ficou quieto uns tempos. De repente deu uma cousa nele. Perguntou para o rapaz:
— O jornal não dá nada sobre a sucessão presidencial?
O rapaz respondeu:
— Não sei: nós estamos no escuro.
— No escuro?
— É.
Ficou matutando calado. Claríssimo que não compreendia bem. Perguntou de novo:
— Não tem luz?
Bocejo.
— Não tem.
Cuspada.
Matutou mais um pouco. Perguntou de novo:
— O vagão está no escuro?
— Está.
De tanta indignação bateu com o porrete no soalho. E principiou a grita dele assim:
— Não pode ser! Estrada relaxada! Que é que faz que não acende? Não se pode viver sem luz! A luz é necessária! A luz é o maior dom da natureza! Luz! Luz! Luz!
E a luz não foi feita. Continuou berrando:
— Luz! Luz! Luz!
Só a escuridão respondia.
Baiano velho estava fulo. Urrava. Vozes perguntaram dentro da noite:
— Que é que há?
Baiano velho trovejou:

— Não tem luz!
Vozes concordaram:
— Pois não tem mesmo.

***

Foi preciso explicar que era um desaforo. Homem não é bicho. Viver nas trevas é cuspir no progresso da humanidade. Depois a gente tem a obrigação de reagir contra os exploradores do povo. No preço da passagem está incluída a luz. O governo não toma providências? Não toma? A turba ignara fará valer seus direitos sem ele. Contra ele se necessário. Brasileiro é bom, é amigo da paz, é tudo quanto quiserem: mas bobo não. Chega um dia e a cousa pega fogo.
Todos gritavam discutindo com calor e palavrões. Um mulato propôs que se matasse o chefe do trem. Mas João Virgulino lembrou:
— Ele é pobre como a gente.
Outro sugeriu uma grande passeata em Belém com banda de música e discursos.
— Foguetes também?
— Foguetes também.
— Be-le-za!
Mas João Virgulino observou:
— Isso custa dinheiro.
— Que é que se vai fazer então? Ninguém sabia. Isto é: João Virgulino sabia. Magafere-chefe do matadouro de Maguari, tirou a faca da cinta e começou a esquartejar o banco de palhinha. Com todas as regras do ofício. Cortou um pedaço, jogou pela janela e disse:
— Dois quilos de lombo!
Cortou outro e disse:
— Quilo e meio de toicinho!
Todos os passageiros magarefes e auxiliares imitaram o chefe. Era cortar e jogar pelas janelas. Parecia um serviço organizado. Ordens partiam de todos os lados. Com piadas, risadas, gargalhadas.
— Quantas reses, Zé Bento?
— Eu estou na quarta, Zé Bento!
Baiano velho quando percebeu a história pulou de contente. O chefe do trem correu quase que chorando.
— Que é isso? Que é isso? É por causa da luz? Baiano velho respondeu:
— É por causa das trevas!
O chefe do trem suplicava:
— Calma! Calma! Eu arranjo umas velinhas.
João Virgulino percorria os vagões apalpando os bancos.
— Aqui ainda tem uns três quilos de colchão mole!
O chefe do trem foi para o cubículo dele e se fechou por dentro rezando. Belém já estava perto. Dos bancos só restava a armação de ferro. Os passageiros de pé contavam façanhas. Baiano velho tocava a marcha de sua lavra chamada Às armas cidadãos! O taioquinha embrulhava no jornal a faca surrupiada na confusão.

> Tocando a sineta o trem de Maguari fundou na estação de Belém. Em dois tempos os vagões se esvaziaram. O último a sair foi o chefe, muito pálido.

* * *

Belém vibrou com a história. Os jornais afixaram cartazes. Era assim o título de um: Os passageiros no trem de Maguari Amotinaram-se Jogando os Assentos ao Leito da Estrada. Mas foi substituído porque se prestava a interpretações que feriam de frente o decoro das famílias. Diante do Teatro da Paz houve um conflito sangrento entre populares.
Dada a queixa à polícia foi iniciado o inquérito para apurar as responsabilidades. Perante grande número de advogados, representantes da imprensa, curiosos e pessoas gradas, o delegado ouviu vários passageiros. Todos se mantiveram na negativa menos um que se declarou protestante e trazia um exemplar da Bíblia no bolso. O delegado perguntou:
— Qual a causa verdadeira do motim?
O homem respondeu:
— A causa verdadeira do motim foi a falta de luz nos vagões.
O delegado olhou firme nos olhos do passageiro e continuou:
— Quem encabeçou o movimento?
Em meio da ansiosa expectativa dos presentes o homem revelou:
— Quem encabeçou o movimento foi um cego!
Quis jurar sobre a Bíblia mas foi imediatamente recolhido ao xadrez porque com a autoridade não se brinca.

Fonte: MACHADO, Antônio de Alcântara. Apólogo brasileiro sem véu de alegoria. In: *Contos avulsos*. Rio de Janeiro: José Olympio, 1961.

Ao lado desses meios de progressão com recorrências de diversos tipos, a sequenciação do texto pode se dar também por meio de outra série de recursos, em que a recorrência *stricto sensu* não ocorre, isto é, em que a progressão se faz de forma mais direta. Entre esses, estão os recursos de **manutenção temática**, **de progressão temática**, **de progressão tópica** e **os diversos tipos de encadeamento**.

Manutenção temática

Para construir um texto coerente é necessário que todos os seus enunciados sejam relevantes para a manutenção do tema em desenvolvimento. Uma das formas de garantir isso é o uso de termos que pertençam a um mesmo campo lexical ou, em termos cognitivos, que façam parte de um mesmo conjunto de conhecimentos de mundo (modelo cognitivo) que temos representado na memória.

No texto da criança que usamos como exemplo a seguir, a seleção de palavras pertencentes a um mesmo campo lexical é um dos recursos que garante a manutenção do tema. A fim de descrever um vampiro chamado "Vampireques", a criança desenvolve seu texto, apresentando significativa seleção lexical relacionada ao tema em questão, como evidenciada no texto. Vejamos:

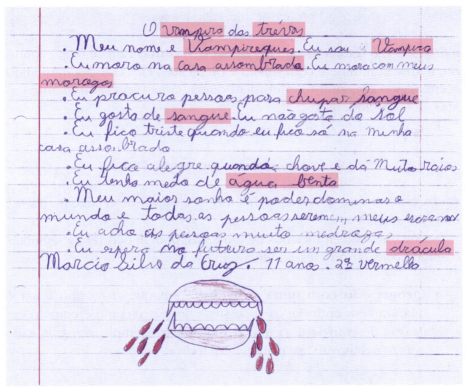

Fonte: Marcio Silva da Cruz, 2ª série.

Quando o nosso leitor se depara com um ou alguns elementos de determinado modelo de mundo, ele imediatamente invoca na memória o modelo todo, avançando, assim, perspectivas sobre o que vai encontrar no texto. Da mesma forma, quando sugerimos um título para a produção de textos, estamos pedindo que os alunos acionem todos os conhecimentos que possuem acerca do modelo de mundo que ele ativa. É por essa razão que é impossível escrever sobre assuntos que absolutamente desconhecemos.

Progressão tema-rema

Em todo enunciado, há um **tema** (elemento já conhecido do leitor sobre o qual se vai dizer alguma coisa) e um **rema**, ou seja, aquilo que se diz a respeito do tema.

No exemplo:

> O professor anunciou as notas.

o professor é **o tema** e *anunciou as notas*, o **rema**. Tema e rema, contudo, não se confundem com sujeito e predicado. Eles coincidem quando o enunciado encontra-se em ordem direta, como no exemplo anterior, mas, do contrário, não.

Em:

> No inverno, os dias são mais curtos,

no inverno é tema (é sobre o inverno que se vai dizer alguma coisa), mas não sujeito.

Na sucessão de enunciados de um texto, podem ocorrer as seguintes configurações da progressão tema-rema:

- **progressão com tema constante**, em que o mesmo tema é mantido em enunciados sucessivos do texto, como é comum em textos descritivos. É o que demonstra o exemplo a seguir, cujo tema "Beethoven" se mantém em todo o texto.

Aprenda com o OBJETIVO Júnior
Sábado, 8 de setembro de 2007 — Da educação infantil ao 9º ano

Ludwig van Beethoven

Já ouviu falar em Ludwig van Beethoven? Ele foi um mestre da música clássica. Nascido na cidade de Bonn, Alemanha, em 16 de dezembro de 1770, Ludwig era filho do músico Johann van Beethoven e de Maria Magdalena Kewerich.

Beethoven foi instruído na música inicialmente por seu pai, que lhe ensinou a tocar piano, órgão e violino. No entanto, sabe-se que sua facilidade para compor peças musicais não veio de estudos avançados, mas sim de um talento nato.

Tanto é verdade que, aos 9 anos, um organista e compositor chamado Christian Gottlob Neefe repassou-lhe as primeiras lições sobre os maiores compositores alemães do século XVIII e isso bastou para que o jovem aprendiz passasse a se destacar no meio musical.

Com apenas 11 anos (1781), começou a compor e, mais à frente, atuou como violoncelista na orquestra da corte. Em 1787, foi estudar em Viena (Áustria), e lá conheceu Wolfgang Amadeus Mozart, outro gênio musical que certa vez disse o seguinte sobre o colega: "Não o percam de vista, um dia há de dar o que falar". De 1790 em diante, Beethoven firmou-se com destaque na música, compondo obras que até hoje têm milhares de apreciadores.

Aos 24 anos (1794), o jovem compositor começou a sentir as primeiras manifestações de surdez, o que o deixou profundamente triste. Apesar de todos os tratamentos, a doença não parou de progredir, até que, aos 46 anos (1816), perdeu quase por completo a audição.

Mesmo assim, de 1816 até o ano de sua morte (1827) ainda compôs mais de 40 peças musicais, influenciando imensamente a história da música.

Sugestões: estadinho@objetivo.br

Fonte: *Folha de S.Paulo*, 8 set. 2007.

- **progressão linear**, em que o rema de cada enunciado anterior vai se tornar o tema do enunciado seguinte. Excelente exemplo de progressão linear ocorre no anúncio a seguir, no qual facilmente podemos perceber que o rema de um enunciado será o tema do enunciado seguinte. Particularizando, no início do texto, o enunciado "Coelho lembra Páscoa" tem como **rema** "Páscoa" que passa a ser o **tema** do enunciado seguinte: "Páscoa lembra chocolate", e assim sucessivamente. Vejamos:

Fonte: *O Estado de S.Paulo*, 23 mar. 2008.

- **progressão com divisão do tema**, na qual o tema do primeiro enunciado se 'estilhaça' em vários temas subsequentes a serem desenvolvidos no texto. Com importante função didática, esse recurso é muito utilizado em muitas produções escritas como a que apresentamos. Nela, o tema "planaltos" se divide em seis, conforme destacado.

> **Os planaltos em áreas sedimentares**
>
> **Os planaltos** em áreas sedimentares correspondem a formas com topos mais aplainados, no caso das chapadas, ou a relevos com uma porção mais acidentada na chamada frente da *cuesta*, constituída por rocha vulcânica e um reverso menos íngreme devido à presença de rochas sedimentares.
> **O planalto da Amazônia Oriental** apresenta topos com feições aplainadas e a presença de alguns morros residuais denominados tabuleiros. Alterna áreas mais íngremes com outras mais aplainadas.
> **Os planaltos e as chapadas da bacia do Parnaíba** mostram formas bastante complexas. Seus topos planos são sustentados por sedimentos datados das eras Paleozoica e Mesozoica.
> **Os planaltos e as chapadas da bacia do Paraná** apresentam o contato de rochas sedimentares paleozoicas e mesozoicas com rochas vulcânicas basálticas, resultantes dos derrames de lava ocorridos na era Mesozoica. Em suas bordas aparecem escarpas com altitudes que variam de 900 a 1000m, e há presença de chapadas como a dos Guimarães, em Mato Grosso.
> **Os planaltos residuais norte-amazônicos** estendem-se do Amapá até o norte do estado do Amazonas e apresentam altitudes médias em torno de 600 e 1000m. O relevo evidencia o predomínio de rochas sedimentares, como os arenitos formados durante o Pré-cambriano e rochas vulcânicas. A serra do Navio, situada no Amapá, é uma importante formação desse relevo.
> **Os planaltos residuais sul-amazônicos** abrangem do sul do Pará até Rondônia. Neles alternam-se áreas de rochas sedimentares com rochas intrusivas do tipo granítico e há uma descontinuidade de trechos mais escarpados e outros com formas mais suaves.
> **O planalto e chapada dos Parecis** estende-se do leste de Mato Grosso ao sudeste de Rondônia. É o divisor de águas da bacia Amazônica e da bacia do Paraguai. Apresenta extensas áreas recobertas por sedimentos de datam das eras Mesozoica e Cenozoica. Seu modelado é constituído por topos planos e arredondados.

Fonte: SANTOS, Patrícia Cardoso; MADEIRA, Silvia Helena; LOBO, Soraya. *Enciclopédia do estudante*: geografia do Brasil: aspectos físicos, econômicos e sociais. São Paulo: Moderna, 2008, pp. 62-63.

- **progressão com rema subdividido**, em que é o rema do primeiro enunciado que se fragmenta, de modo que cada uma de suas partes vai constituir o tema de um enunciado posterior. Presente em muitos gêneros textuais, trata-se de um recurso que também atende a um propósito didático, mas, diferentemente do recurso anterior, a estratégia utilizada pelo produtor serve agora para manter a focalização no conteúdo remático e respectiva divisão.

Os **textos 1** e **2** a seguir exemplificam, conforme assinalado, a progressão pela divisão do rema e chamam a atenção para o quanto é utilizada em escritas diversas:

TEXTO 1

Um supermercado cruza o Atlântico

Os europeus estavam começando a dominar as Américas, mas a corrente de influências corria nas duas direções. Nunca antes, na história do mundo, haviam sido transferidas tantas **plantas valiosas** de um continente ao outro.
O milho era a mais notável das novas plantas, e Cristóvão Colombo, pessoalmente, transportou sementes de volta em seu navio. O milho tinha a impressionante capacidade de produzir, na época da colheita, muito mais grãos do que o trigo ou o centeio; não se espalhava com velocidade mirabolante, mas, com o passar do tempo, chegou às fazendas das partes mais quentes da Europa. Em 1700, os pés altos e verdes de milho podiam ser vistos balançando ao vento, na maior parte das zonas rurais da Espanha, Portugal e Itália.
A batata americana foi para o norte da Europa o que o milho representou para o sul. Os irlandeses acolheram bem a batata, pois em seus pequenos pedaços de terra, ela oferecia mais calorias do que qualquer outro produto. Crescia no Condado de Down já em 1605 e, antes do fim daquele século, a batata quente era o principal prato da população pobre da Irlanda. Da Irlanda, curiosamente, as sementes de batata foram levadas para América do Norte, onde esse alimento sul-americano ainda era desconhecido. Os alemães também se regozijaram com a batata, ao descobrirem que essa plantação, ao contrário da plantação de milho maduro, não era facilmente danificada ou destruída por exércitos violentos.

Fonte: BLAINEY, Geoffrey. *Uma breve história do mundo.* São Paulo: Fundamento Educacional, 2004, p. 158.

Texto 2

Os queijos, os ratos e as ratoeiras

Você acha que as partidas da Copa são para diverti-lo? Não. São para atraí-lo. Isso mesmo, os jogos são uma armadilha. A ideia da Copa é atraí-lo para a frente da tevê e aí, pimba: fazê-lo ver comerciais. Os jogos são só a coisa que fica entre as propagandas. Uma espécie de queijo na ratoeira. E creio que nesta Copa há **quatro tipos de queijo**:
a) **Queijo branco**: São comerciais leves que só se relacionam com o futebol porque passam entre os jogos, como o da Telefônica (que tem um cara vendado), o do Polo (com a música bacana) e o do banco Itaú (o do sujeito organizado). São tão neutros que podem ser exibidos nos intervalos de um concerto ou de um noticiário.
b) **Queijo prato**: É convencional, sem muita imaginação. Aqui eu citaria o exemplo das Casas Bahia, que, com uma animação simples e um âncora tradicional, apenas procura veicular sua mensagem ao futebol, sem correr riscos.
c) **Queijo brie**: tem gosto forte, como os da Mastercard e da Nike. São bem produzidos e relacionam-se diretamente com o esporte, fazendo com que gravemos os produtos fortemente.
d) **Gorgonzola**: Gosto fortíssimo e marcante. Acho que é o caso da propaganda da Brahma, aquela da tartaruga. O mais inteligente, porém, é que o quelônio lembra vagamente o grande comentarista Sérgio Noronha, o que prolonga sua lembrança. Se eu fosse o Noronha, cobraria merchandising.

Fonte: TORERO, José Roberto. Os queijos, os ratos e as ratoeiras. *Folha de S.Paulo*, 12 jun. 2002.

Progressão tópica

Quando interagimos verbalmente, falamos ou escrevemos sempre sobre alguma coisa. O assunto sobre o qual nos pronunciamos constitui o **tema** ou **tópico** da interação.

Isto é, todo texto se desenvolve a partir de **um tema** ou **tópico discursivo**. Ao longo do texto, o tema ou tópico vai sendo dividido em blocos – **os subtópicos** –, direta ou indiretamente relacionados com o tema em andamento.

Tomemos um exemplo: ao desenvolvermos o tema ou tópico discursivo *cinema*, podemos focalizá-lo de diversas maneiras: falar dele como arte, como diversão, como mercado de trabalho, etc. Se quisermos tratar de apenas uma delas no texto, estaremos fazendo uma delimitação do tema; se, porém, desenvolvermos várias delas no mesmo texto, obteremos três subtópicos, isto é, três focalizações diferentes do mesmo tópico discursivo.

Cada um desses subtópicos, por sua vez, poderá ser dividido em blocos ainda menores, a que denominamos **segmentos tópicos**.

À sequenciação dos subtópicos e de seus segmentos tópicos chamamos de **progressão tópica**. A progressão tópica pode ser contínua ou descontínua. Isto é, após o fechamento de uma sequência tópica, tem-se continuidade, quando, no segmento seguinte, for mantida a mesma focalização do segmento tópico em andamento; ou, então, mudança tópica, no caso de ocorrer uma quebra ou ruptura em relação ao segmento anterior.

Para que um texto possa ser considerado coerente, é preciso que apresente **continuidade tópica**, ou seja, que a progressão tópica se realize de forma que não ocorram rupturas definitivas ou interrupções excessivamente longas do tópico em andamento, visto que a **topicalidade** constitui **um princípio organizador do discurso**. Em outras palavras: espera-se que aquilo que for dito na sequência do texto seja relevante para o tema em andamento. Quando o produtor do texto faz uso de inserções ou digressões relativamente longas, há necessidade de se apresentar algum tipo de justificação, para que a construção do sentido e, portanto, da coerência, não venha a ser prejudicada. Para tanto, a língua dispõe de uma série de marcadores, como: *abrindo um parêntese, por falar nisso..., agora me lembrei de que..., desculpe interromper, mas..., fechando o parêntese, voltando ao assunto*, etc.

Assim sendo, uma tarefa importante do produtor do texto é indicar a descontinuidade dentro da continuidade mais ampla que se espera do texto; ou seja, ao segmentar o texto em blocos, indicar suas fronteiras e sinalizar, por meio de marcas, a descontinuidade, quando essa se fizer presente. Portanto, o produtor do texto pode mobilizar, na sua construção, estratégias de continuidade e estratégias de mudança.

Pode-se sinalizar a continuidade e a descontinuidade tópicas por meio da **paragrafação**: havendo continuidade entre os segmentos tópicos, eles podem, em muitos casos, permanecer juntos no mesmo parágrafo, ao passo que, no caso de descontinuidade entre dois segmentos, é recomendável separá-los em parágrafos distintos.

O texto "A pirataria máscula" – que tomamos como exemplo – é composto por cinco parágrafos. **O primeiro parágrafo** focaliza a pirataria associada a camelôs; **o segundo parágrafo**, a pirataria nos livros infantis; **o terceiro parágrafo**, a pirataria na atualidade: dos livros para a realidade;

o quarto parágrafo, pirataria atual: navios e rotas visados; **o quinto e último parágrafo**, pirataria: da realidade à ficção.

> **A pirataria máscula**
>
> RIO DE JANEIRO — Até há pouco, quando se falava em pirataria, o que vinha à mente eram CDs, DVDs e demais bugigangas eletroeletrônicas dos camelódromos, oriundas do Paraguai ou da China. Por causa dela, nossos outrora românticos camelôs pararam de vender artigos essenciais, como ioiô, pente Flamengo e cortador de unhas.
> • Mais remotos ainda ficaram os clássicos piratas que, no passado, assombravam a imaginação das crianças: os de verdade, como Henry Morgan, John Lafitte e o capitão Kidd, e os fictícios, como Barba Negra, Long John Silver e o capitão Blood. Quase todos, aliás, parecidos com o pirata do rum Montilla.
> • Pois eis que, na costa da Somália, volta à moda a pirataria como ela deve ser: máscula, perigosa, aventureira. Um navio aborda o outro no mar e foge com a carga. Ou faz desse navio refém, com tripulação e tudo. Antes, o botim eram ouro e joias, e talvez uma princesa espanhola, de olhos pretos e pinta no queixo. Agora os objetivos são armas, óleo, trigo ou os milhões de dólares do resgate.
> • Os cargueiros de hoje, supercomputadorizados e com uma tripulação mínima e quase desarmada, tornaram-se uma teta para os piratas. Já aconteceram 95 ataques este ano, e há 17 navios em poder dos corsários. O cenário é quase sempre o mesmo: o golfo de Áden. Mas a ameaça se estende a todo o oceano Índico.
> • Não por acaso, esta era a rota de um implacável inimigo da pirataria: o Fantasma, personagem criado em 1936 por Lee Falk e Ray Moore. Nas últimas décadas, o herói estava quase morrendo de tédio, por falta de piratas a combater. Passava o dia no trono da caverna, fazendo cafuné em sua mulher, Diana Palmer, bocejando e indo dormir cedo. Mas, agora, em sua identidade civil de Sr. Walker e acompanhado do lobo Capeto, o Fantasma volta a ter de sair à noite.

Fonte: CASTRO, Ruy. A pirataria máscula. *Folha de S.Paulo*, 22 nov. 2008.

Como vemos, a marcação do parágrafo também se dá cognitivamente e funciona como orientação para a produção do sentido do texto. A busca da **relevância**, a **focalização** e a **delimitação** são, portanto, **estratégias** muito importantes quando se produz um texto escrito, pois são auxiliares poderosos na produção do sentido e, por consequência, na construção da coerência.

Encadeamentos

Os **encadeamentos** de enunciados constituem um poderoso recurso de sequenciação textual. Esse encadeamento – ou entrelaçamento – pode dar-se por **justaposição** ou por **conexão**.

Ocorre a **justaposição** quando apenas se colocam enunciados uns ao lado de outros, com o objetivo de estabelecer entre eles determinadas relações semânticas ou discursivas, **sem a presença explícita de uma conjunção**.

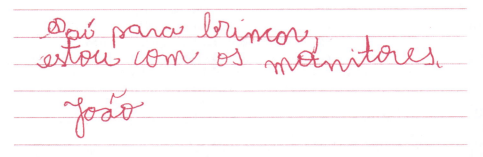

Fonte: João Marcelo da Silva Elias, 4ª série, Colégio Madre Alix.

Quando um conector está presente no texto, tem-se o **encadeamento por conexão**. É o que ocorre na tirinha a seguir, quando o produtor do texto usa o conector MAS para ligar os enunciados dos quadrinhos, estabelecendo relação de adversidade.

Fonte: *Folha de S.Paulo*, 21 fev. 2006.

Ao redigir um texto, é preciso muito cuidado na escolha do conector adequado para estabelecer o tipo de relação desejada. A escolha de um conector inadequado pode dificultar em muito a compreensão. CHAROLLES (1983) afirma que é preferível não usar conector algum (isto é, recorrer simplesmente à justaposição) a usar um conector impróprio, pois isso vai dificultar a construção da coerência.

É preciso também que tenhamos bem claras as relações que pretendemos estabelecer entre os enunciados do nosso texto e conhecer os elementos linguísticos adequados para fazê-lo. Entre tais elementos estão os que chamamos de **conectores**, **palavras ou partículas de ligação**, **operadores discursivos**, **articuladores textuais**.

Vejamos em destaque no texto a seguir conectores que estabelecem entre os enunciados relações de sentido, dentre as quais, alternância (OU); adição (E) e adversidade (MAS).

> **Ou isto ou aquilo**
>
> Ou se tem chuva e não se tem sol,
> ou se tem sol e não se tem chuva!
>
> Ou se calça a luva e não se põe o anel,
> ou se põe o anel e não se calça a luva!
>
> Quem sobe nos ares não fica no chão,
> quem fica no chão não sobe nos ares.
>
> É uma grande pena que não se possa
> estar ao mesmo tempo nos dois lugares!
>
> Ou guardo o dinheiro e não compro o doce,
> ou compro o doce e gasto o dinheiro.
>
> Ou isto ou aquilo: ou isto ou aquilo...
> e vivo escolhendo o dia inteiro!
>
> Não sei se brinco, não sei se estudo,
> se saio correndo ou fico tranquilo.
>
> Mas não consegui entender ainda
> qual é melhor: se é isto ou aquilo.

Fonte: MEIRELLES, Cecília. Ou isto ou aquilo. In: *Ou isto ou aquilo*. Rio de Janeiro: Nova Fronteira, 1990.

Para bem escrever, não basta conhecer de cor uma lista desses elementos. É necessário saber qual é o recurso mais adequado para estabelecer entre enunciados o tipo de relação desejada.

Os alunos podem ser exercitados desde as primeiras séries a estabelecer relações de sentido entre dois ou mais enunciados. Por exemplo, partindo de um enunciado nuclear, formado apenas de um sujeito e seu predicado verbal, pede-se ao aprendiz que acrescente a ele, sucessiva ou cumulativamente, indicações de tempo, lugar, causa, condição, modo, etc., começando pelas mais simples até chegar às mais complexas. Isto é, a partir de um enunciado como *o navio afastou-se do porto*, por exemplo, solicita-se o acréscimo de:

- uma indicação de **tempo** (quando? Cedinho/ de manhãzinha/ quando raiava o sol);
- uma indicação de **causa** (por quê? Por causa da maré baixa/ porque a maré estava baixando);
- uma indicação de **modo** (como? Lentamente/ com rapidez);

- uma indicação de **finalidade** (para quê? Para fugir da maré baixa/ a fim de retomar a viagem);
- uma ideia de **comparação** (como uma ave marinha deslizando nas águas do mar);

e assim por diante.

Dessa forma, a criança vai não só tomando consciência dos elementos linguísticos adequados para o estabelecimento das várias relações de sentido, como também exercita-se na produção de pequenos textos (microtextos).

Um recurso produtivo é, também, o **teste-close**, no qual, num texto dado, apagam-se todos os articuladores e pede-se que as lacunas sejam adequadamente preenchidas. Terminado o exercício, verificam-se quais os recursos selecionados pela classe, discute-se a sua pertinência e solicita-se dos alunos que sugiram outras opções possíveis. Finalmente, confrontam-se os resultados obtidos com o texto original, para que os alunos tomem conhecimento das escolhas feitas pelo seu produtor.

8
Escrita e coerência

Concepção de coerência

Entendida como **princípio de interpretabilidade** (Charolles, 1983) a noção de **coerência** tem sido objeto de muitos estudos que têm como foco a leitura em perspectiva teórica ou pedagógica. Neste capítulo, voltaremos a nossa atenção para a coerência, porém considerada do ponto de vista de quem produz um texto escrito.

Nessa tomada de posição, reiteramos a concepção de escrita como uma atividade que demanda a ativação e a utilização de conhecimentos linguísticos, enciclopédicos, textuais e interacionais, em etapas realizadas recursivamente, que dizem respeito ao planejamento da escrita, à escrita propriamente dita e à reescrita, conforme vimos no **capítulo 2**.

Para começo de conversa, afirmamos que, em nossa prática de produção escrita, comumente paramos para "avaliar" se o que escrevemos faz sentido ou não faz sentido. Fazemos isso muitas vezes sem nos darmos conta e é o que faz, conscientemente, o autor do texto a seguir. Vejamos:

O dia em que menti para Marta Góes

Certo dia, li uma crônica do Jabor, meu invisível vizinho de rua, comentando Proust e a leitura de Em Busca do Tempo Perdido. Um texto encantador que me deu vontade de também ler um dos livros mais comentados do século. Confesso que entre os 17 e os 21 anos li dois volumes de Proust: Caminho de Swan e Sodoma e Gomorra. Os outros acabaram sendo um problema, nunca estavam na biblioteca, que era circulante. Ou quem sabe na ansiedade ou impetuosidade eu procurasse livros mais rápidos, que me exigissem menos. Proust estava na Coleção Nobel, da Globo gaúcha, uma das mais fantásticas que este Brasil já teve. Swan foi traduzido por Mário Quintana, lembro-me bem. A Globo do Sul fechou e a nova Globo, que faz parte do complexo dos Marinhos, relançou a coleção, nos devolvendo Mário Quintana e todo o grupo que deu brilho a Proust. Animado pelo Jabor, será que consigo fazer um projeto de leitura semelhante?
Grandes livros muito citados e não lidos são comuns. Quantos leram Um Homem Sem Qualidades, de Musil? E a Ilíada, de Homero? Mesmo nosso Guimarães Rosa? Os Sertões, de Euclides da Cunha? E aquele que é o maior referencial de quem quer se exibir – Ulisses, de James Joyce?
Muitos correm ao final, ao monólogo de Molly Bloom e dizem que leram tudo. Por causa do Ulisses, por momentos, nos anos 80, assombrei a Marta Góes, repórter do Jornal da Tarde (ou do Estadão?) na época?
Acho que já contei a história há muito tempo, mas repito para quem não a leu, talvez há 20 anos. Marta ainda não era a dramaturga que nos deu o belíssimo texto sobre Elizabeth Bishop. Aliás, ela acabou de lançar uma biografia primorosa de Alfredo Mesquita (Um Granfino na Contramão), o fundador da Escola de Arte Dramática, entidade mítica que ensinou todo mundo que é bom representar. Bem, havia naquele momento uma comemoração qualquer em torno de Joyce, autor que no Brasil foi apropriado pelos irmãos Campos, só eles tinham lido, compreendido, só eles podiam falar do livro, do autor, só eles sabiam traduzi-lo, interpretá-lo.
Certa vez, fim dos anos 70, eu morava num apartamento pequeno da Rua Bela Cintra. Tinha a mesa e bem atrás de mim a estante e conhecia a localização de cada livro ali. Tocou o telefone, Marta Góes me perguntou:
– Uma pergunta só, Loyola. Você leu Ulisses, de James Joyce?
– Li.
– Inteiro?
– Inteiro.
Marta se calou, pareceu espantada. Olhei para trás, ali estava o grosso volume que Antonio Houaiss me tinha enviado com uma dedicatória bem-humorada, assim que a tradução feita por ele saiu: 'Ao Loyola, que não é jesuíta.' Estendi a mão, apanhei o livro.
– Leu inteiro, inteiro ou só trechos?, insistiu Marta.
– Inteiro. Por quê?
– Já falei com 20 pessoas, umas não leram, outras só leram trechos. Você é o primeiro que diz ter lido inteiro.

— Pois li.
— As 957 páginas?
— Todas.
— Espera! Inacreditável!
— Mais do que isso, sei o romance inteiro de cor.
— Agora está me gozando, não?
Marta me mandou esperar um segundo, ouvi que falava com alguém na redação. Ela voltou ao fone:
— Agora é demais. Mente, mente descaradamente. Está louco?
— Tem o livro em mãos? Abra em qualquer página, me diga a primeira frase. Vou te mostrar.
— Está bem. Página 419. Começa assim: 'Aí veio sir Frederick, o falcoeiro...'
— Pois bem, vamos lá.
Eu já tinha aberto na página, li: 'E aí se assentou ele por cerca das horas cinco para ministrar a lei dos bretões.' Confere.
— Confere. Que doideira. E a página 735? Começa assim: 'Corley, na primeira deixa, ficou inclinado a desconfiar...'
— Pode parar. 'Inclinado a desconfiar que Stephen fora posto no olho da rua por ter lá metido uma safada de uma flor no asfalto. Havia uma espelunca na rua Marlborough, a da senhora Maloney...'
— Pode parar. Estou indo para sua casa.
— Para quê?
— Para fazer matéria de página inteira. Acho que é a única pessoa do mundo que leu e decorou Ulisses. É um feito, um registro para o Guinness. Chamada de capa. Pode contar com televisão depois.
Nem na Inglaterra, nem na Irlanda deve ter coisa igual. Tem ator que não consegue decorar uma página de texto. Vou consultar neurologistas, especialistas em memória, não sei. 957 páginas. Nem acredito!
Ela foi se animando, ficou tão excitada que me veio uma culpa enorme quando a desapontei, contando a verdade. A mentira foi engraçada por momentos, porém insustentável. Mentira tem perna curta, dizia minha mãe. Neste Brasil só tem algumas mentiras que se sustentam o tempo inteiro, todos sabem que é mentira. São as do Zé Dirceu, as do Renan Calheiros, as do Romero Jucá, as do Edinho Lobão, e as dos parlamentares e partidos que os referendam, lhes dão aval, garantindo uma impostura da qual se aproveita também o presidente Lula. Falar nisso, e pensando nesse conglomerado petista, eu também quero cartão de crédito do governo para gastar no free shop, comer tapioca, comprar roupa no Iguatemi, comer no Gero, alugar carro. Todos nós, brasileiros, queremos. E o aqueduto do Mangabeira Unger? Temos um imperador romano no Brasil, um novo Nero. O final da crônica nada tem a ver com o começo? Pois vai ficar assim mesmo, não engoli aquela ministra da integração racial que eu nem sabia que existia.

Fonte: LOYOLA DE BRANDÃO, Ignácio. O dia em que menti para Marta Góes. *O Estado de S.Paulo*, 15 fev. 2008.

No texto, vemos que o escritor avalia a sua própria escrita quando afirma que o final do texto não tem nada a ver com o começo. Isso nos faz pensar na hipótese desenvolvida por SAUTCHUK (2003), segundo a qual a escrita implica a existência de dois tipos de leitores:

- ✓ um "leitor externo", que tem acesso ao texto em um tempo e local distantes de quando e onde ocorreu o processo de escrita;
- ✓ um "leitor interno", que existe no escritor com a função de "monitorar-lhe" a atividade da escrita, apontando alternativas para a solução de "problemas" que vão surgindo na medida mesma em que o escritor desenvolve sua escrita. É esse "leitor interno" que aponta o que "faz sentido" ou "não faz sentido" e, nesse último caso, o que precisa ser revisto.

Se pensarmos na crônica anterior, foi esse leitor interno que sinalizou para o escritor a não-relação entre a parte final e a parte inicial do texto e, portanto, para a necessidade de revisá-lo. A "avaliação" do escritor coloca em evidência o conceito de coerência tratado do ponto de vista de quem produz o texto, foco de nossa atenção neste capítulo.

Mas o que sabemos sobre a coerência? Se, por um lado, em nosso dia-a-dia, facilmente rotulamos um texto de coerente (ou de não coerente), por outro lado, definir a coerência é uma tarefa que demanda consideração a múltiplos fatores, levando em conta que:

- **a noção de coerência não se aplica, isoladamente, ao texto, nem ao autor, nem ao leitor, mas se estabelece na relação entre esses três elementos**. Em outras palavras, isso significa dizer que, na atividade de escrita entendida em perspectiva interacional, a coerência não se "localiza" no texto, também não se localiza apenas nas intenções do autor, nem apenas nos conhecimentos e experiências do leitor, mas na conjunção desses fatores. Se considerarmos, a título de ilustração, a tirinha a seguir, veremos que a coerência não se constrói levando em conta somente o que o texto apresenta em sua materialidade linguística (focalizada no primeiro quadro), tampouco apenas o conhecimento do leitor (focalizado no segundo quadro), mas, sim, a intenção do autor, a materialização dessa intenção no texto, com sinalização para que o leitor possa ativar conhecimentos tidos como compartilhados e situar-se no quadro delineado pelo autor. Vamos ao texto:

Fonte: *O Estado de S.Paulo*, 16 jan. 2006.

- **a construção da coerência envolve da parte de quem escreve (e também de quem lê) conhecimentos os mais variados como, por exemplo, o enciclopédico e o metagenérico** postos em evidência nos **textos 1** e **2** a seguir:

Texto 1

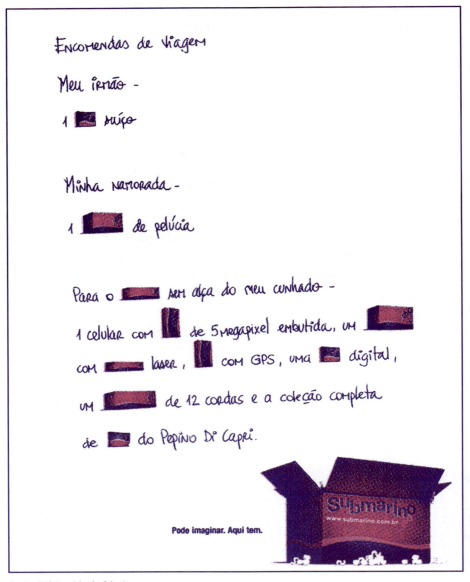

Fonte: *31º Anuário de Criação*, ccsp.

Na produção do texto, o autor recorre a seus conhecimentos sobre coisas do mundo, com o cuidado de construir um contexto linguístico que possibilite ao leitor preencher as lacunas intencionalmente produzidas com os respectivos produtos que fazem parte do anúncio.

Além disso, põe em ação o seu conhecimento metagenérico, uma vez que produz um anúncio em forma de lista (encomendas de viagem), revelando em sua atividade um sofisticado processo de produção em que um gênero textual (no caso, a lista) assume a função de outro (no caso do anúncio), denominado de **intertextualidade intergêneros**, conforme vimos no **capítulo 5**.

Texto 2

Culinária

Quem não se lembra das receitas de bolo que, a exemplo das poesias de Camões, substituíam artigos e mais artigos nos principais jornais do país?
Tristes tempos, quando o censor definia qual artigo poderia ser publicado ou não.
Hoje, felizmente, vivemos uma democracia plena e as tais receitas são apenas lembranças de um tempo de medo e desesperança.
Com as eleições presidenciais, decidimos publicar neste jornal algumas sugestões culinárias de um famoso cozinheiro da Etiópia. Aqui vai:
O primeiro prato do dia é o já famoso "Lula à metalúrgico", prato este que tem como componente principal o referido molusco cercado por uma salada de legumes vermelhos.
Em primeiro lugar, pega-se Lula, limpando-o bem até tirar a antiga casca dura, deixando-o de molho em especiarias, para aprimorar seu sabor.
A seguir, leve-o ao forno assando em fogo brando, e experimentando seu sabor de tempos em tempos.
Se não estiver no ponto, cozinhe por mais cinco anos.
É muito importante misturá-lo à massa, que deverá ser bem agitada e espremida para melhor mistura.

Fonte: Luíz Fernando Elias, cardiologista e cronista.

Em sua produção, o autor põe em destaque:

✓ o conhecimento que possui sobre o Brasil no período da ditadura e da não-liberdade de expressão:

Quem não se lembra das receitas de bolo que, a exemplo das poesias de Camões, substituíam artigos e mais artigos nos principais jornais do país?
Tristes tempos, quando o censor definia qual artigo poderia ser publicado ou não.

✓ o conhecimento que possui sobre o período pós-ditadura marcado pela instauração do regime democrático:

> Hoje, felizmente, vivemos uma democracia plena e as tais receitas são apenas lembranças de um tempo de medo e desesperança.

✓ o conhecimento que possui sobre gêneros textuais (receita, poesia, artigos de opinião), em especial, sobre receita culinária, sua formatação, função e espaço de circulação:

> Quem não se lembra das receitas de bolo que, a exemplo das poesias de Camões, substituíam artigos e mais artigos nos principais jornais do país?

de modo a produzir, em forma de receita, seu posicionamento sobre a campanha de Luiz Inácio Lula da Silva à presidência da República:

> Com as eleições presidenciais, decidimos publicar neste jornal algumas sugestões culinárias de um famoso cozinheiro da Etiópia. Aqui vai:
> O primeiro prato do dia é o já famoso "Lula à metalúrgico", prato este que tem como componente principal o referido molusco cercado por uma salada de legumes vermelhos.
> Em primeiro lugar, pega-se Lula, limpando-o bem até tirar a antiga casca dura, deixando-o de molho em especiarias, para aprimorar seu sabor.
> A seguir, leve-o ao forno assando em fogo brando, e experimentando seu sabor de tempos em tempos.
> Se não estiver no ponto, cozinhe por mais cinco anos.
> É muito importante misturá-lo à massa, que deverá ser bem agitada e espremida para melhor mistura.

solicitando do leitor que ative conhecimentos que fazem parte da história e da política brasileira, bem como de gêneros textuais para construir um sentido para o texto.

- **a coerência depende também de fatores como a focalização e a seleção lexical** como exemplificado nas produções a seguir:

Texto 1

Fonte: *Folha de S.Paulo,* 13 ago. 1997.

Texto 2

As mulheres têm muitas formas de pensar. Às vezes, elas são românticas e sonhadoras; às vezes são calculistas, ou feministas. Muitas vezes só querem paz e amor, ou então são preocupadas com a beleza, ou com a inteligência, ou às vezes elas só querem é se divertir.

ANA – Ai, eu vou sair pra jantar com ele... E agora, o que é que eu faço?

FEMINISTA – Vocês vão sair pra jantar? Pelo menos você tem que se oferecer pra dividir a conta! Deixar o homem pagar é um claro sinal de submissão e machismo!

SONHADORA – Imagina, pagar a conta! E o romantismo?? A mulher pagar a conta estraga toda a poesia!

EXECUTIVA – Se for pra pagar a conta, vê se vai num restaurante com um preço digno, hein! Com as ações caindo e o dólar do jeito que está...

NERD – Em face das circunstâncias, você devia ir num fast-food! Senão, não vai ter tempo de escrever no seu Blog!

FITNESS – Ah, gente, isso é o de menos! Olha, não interessa aonde vocês vão, come só uma saladinha, você tá me ouvindo?? Senão você vai parecer uma leitoa!

FEMINISTA – Aparência, aparência, aparência! Você não sabia que a eterna busca pela beleza é só mais uma maneira de aprisionar as mulheres?

FITNESS – ã-hã! O que importa pra eles é uma bunda dura, peito empinado e barriga sequinha!

SONHADORA – Aparência não é tudo! O que importa, gente, é o amor. É o amor que move o mundo!

HIPPIE – Só... paz e amor...

EXECUTIVA – O amor move o mundo? O que move o mundo é o dinheiro! Por acaso você já viu uma guerra feita por amor?

HIPPIE – Gente relaxa, o que ela precisa é acender um incenso e tomar um banho de ervas para atrair boas vibrações!

FITNESS – Ai, será que é melhor ela se trocar? Não sei se essa roupa dela realça muito o quadril...

VADIA – Olha, faz assim, ó, bota um top, uma sainha curta, um salto alto... que você tá feita!
FITNESS – Mas NEEEM PENSAR! Faz 3 dias que essa menina não vai na academia, você tá louca?? E a gordurinha localizada ela vai esconder AONDE??
SONHADORA – Ah, ela tem é que colocar uma roupa assim, romântica, discreta... tipo um vestidinho!
HIPPIE – Aí... essa é boa... um vestidinho solto... uma sandália de couro... assim, em harmonia...
VADIA – Pelo amor de Deus gente! Que vestidinho o quê! Tem é que mostrar o corpo! Homem gosta é de mulher GOSTOSA!
FEMINISTA, SONHADORA E NERD – Nada a ver!
NERD – O que vale é a inteligência! Ninguém gosta de mulher burra!
HIPPIE – Calma gente... Eu consultei os astros... A Lua está em Saturno, o que favorece, e muito, os encontros a dois!
EXECUTIVA – Que lua em Saturno o quê! Eu só acredito em fatos e números!
NERD – Se nossos códigos genéticos forem compatíveis, talvez até dê certo.
SONHADORA – Ai! Quem sabe esse encontro não dá certo, vocês se casam, tem 5 filhos e vão morar numa casinha com cerquinhas brancas?
EXECUTIVA – 5 filhos?? Você quer acabar com a carreira profissional dela??
NERD – E quem disse que ele é um homem pra casar? Pra mim, cada homem é de um tipo. Assim como Linux serve para servidores, Macintosh pra gráficos e o Windows pra jogar paciência.
VADIA – Que casar o quê! Tomara que as coisas esquentem e vocês terminem a noite num lugar mais divertido!!!
SONHADORA – Imagina! É a primeira vez que você sai com ele! Tem que haver um diálogo das almas! Você tem que se valorizar!
VADIA – Ah, para de regular essa mixaria! Não tamo fazendo nada mesmo.
ANA (gritando) – MAS VOCÊS NÃO TÃO ME AJUDANDO COM NADA! Só tão me confundindo!!!
Todas param de falar. A campainha toca.
TODAS – É ele! É ele! É ele!
SONHADORA – Ai, que lindo!
FITNESS – Ah, gordinho, hein?
EXECUTIVA – Tem cara de pobre!
FEMINISTA – Parece machista!
HIPPIE – Pô bicho, o cara deve ser mó astral...
NERD – Ele tem cara de ser inteligente!
VADIA – Ô, lá em casa!

Fonte: Isabel Elias, administradora de empresas e roteirista.

É interessante notar tanto no **texto 1** quanto no **texto 2** que o objeto em questão é visto diferentemente dependendo do sujeito "observador". Nessa atividade, ganha especial relevo a seleção lexical, pois indica a focalização proposta, contribuindo para o estabelecimento da coerência.

- **a coerência não pressupõe, necessariamente, no plano da materialidade linguística, a ligação entre os enunciados de forma explícita**, conforme demonstram as produções a seguir:

Texto 1

Depois do Carnaval

★ A lista dos 150 proprietários de terra que mais devastaram a floresta amazônica deverá ser divulgada depois do Carnaval. Folha Online, 30 de janeiro de 2008.

★ Em relatório a ser apresentado ao governo depois do Carnaval, especialistas contratados pelo Ministério do Meio Ambiente, para avaliar as ações contra o desmatamento, apontam a suscetibilidade do Ibama à "excessiva burocratização". Folha Online, 30 de janeiro de 2008.

★ O Conselho Nacional de Biossegurança adiou para depois do Carnaval a decisão sobre os pedidos de comercialização de duas variedades de milho transgênico. Folha Online, 30 de janeiro de 2008.

★ "Primeiro o Carnaval; depois, mudanças", diz novo chefe da PM do Rio. Folha Online, 30 de janeiro de 2008.

★ As negociações dos cargos do setor elétrico, que estão na mira do PMDB, foram adiadas para depois do Carnaval. Folha Online, 29 de janeiro de 2008.

★ O presidente da CPI das ONGS, senador Raimundo Colombo (DEM-SC), prepara para depois do Carnaval uma análise preliminar apontando indícios de fraudes. Folha Online, 25 de janeiro de 2008.

★ "A construção do terceiro aeroporto é uma decisão tomada. A dos trens de Viracopos também", disse o ministro Nelson Jobim. O ministro afirmou que irá encontrar o governador de São Paulo, José Serra (PSDB), depois do Carnaval. Folha Online, 25 de janeiro de 2008.

★ Após serem recebidos na Câmara de São Paulo, motoboys dispersaram a manifestação que complicou o trânsito na cidade. Os motociclistas entregaram a pauta de reivindicações da categoria. "A obrigação da Casa é reabrir a discussão. Será o primeiro trabalho depois do Carnaval", disse o vice-presidente da Câmara. Folha Online, 18 de janeiro de 2008.

★ O presidente do Senado, Garibaldi Alves (PMDB-RN), pretende reunir os líderes partidários para definir as propostas que devem ser incluídas como prioridades na pauta de votações da Casa. O Congresso retoma as atividades depois do Carnaval. Folha Online, 17 de janeiro de 2008.

★ Confederação dos Trabalhadores no Serviço Público Federal ameaça convocar uma plenária logo depois do Carnaval para discutir uma possível paralisação dos servidores públicos. Folha Online, 11 de janeiro de 2008.

★ O presidente da Comissão Mista de Orçamento, José Maranhão, disse que o calendário será mantido, com votação do Orçamento depois do Carnaval. Folha Online, 4 de janeiro de 2008.

★ Prédio dos Ambulatórios do Hospital de Clínicas só deverá ser totalmente reaberto depois do Carnaval. Até lá, o HC não deve receber pacientes novos. Folha Online, 3 de janeiro de 2008.

★ O presidente Lula pretende editar um decreto no primeiro trimestre de 2008, depois do Carnaval, para determinar a abertura de todos os arquivos oficiais do período da ditadura militar. Folha Online, 28 de dezembro de 2007.

★ Proprietários rurais de 36 municípios listados como alvo prioritário de ações de combate ao desmatamento terão até meados de março para recadastrar seus imóveis. O recadastramento começa depois do Carnaval. Folha Online, 26 de janeiro de 2008.

"ACABOU NOSSO carnaval/ninguém ouve cantar canções/ninguém passa mais brincando feliz/ e nos corações/saudades e cinzas foi o que restou." Carlos Lyra, Marcha da Quarta-Feira de Cinzas.

Fonte: SCLIAR, Moacyr. Depois do Carnaval. *Folha de S.Paulo*, 4 fev. 2008.

TEXTO 2

Poesia, crônica, prosa, romance, ficção, fato, editoria, relato, testemunho, censura, tapa na cara, dura, teatro, verbete, ditadura, entrelinha, pau de arara, abertura, sim senhor, apologia, cacetete, escreve aí, AI5?, letra, arranjo, som, na música o drible, o dom, chega, democracia, argumento, por favor, ensaio, anexo, cinema, computador, hipnótico, sexo, terno, caótico, boca mole, crueldade, língua solta, rabo preso, liberdade, paz e amor, imortais, coronéis, os tais, generais, quartéis, diretas, direitos, sociais, industriais, cartéis, boa pinta, pinta a cara, a cara cai, a casa cai, mais um livro, mais um conto, mais um dia, outro livro, sujeirada, é rascunho, é piada, drama, educa, ensina, está na capa, está na orelha, está na cara, prefácio, não está fácil, deu aqui, deu ali, páginas e páginas, mais um livro, cpi, é uma linha, várias linhas, a malinha, tem cueca, tem dinheiro, tem calcinha, roupa suja, cara lavada, cara de pau, deslavada, escreve mais, mais um livro? outro, outro, outro, escreva, leia, você lê, aprende, reclama, questiona, surpreende, critica, debate, entende. Você é livre. Tudo é livro.

1º salão nacional do jornalista escritor

SP • Memorial da América Latina • 15 a 18 novembro de 2007 • das 11h00 às 22h00

100 ANOS DA ABI

ENTRADA FRANCA

ASSOCIAÇÃO BRASILEIRA DE IMPRENSA

JORNALISTA ESCRITOR

Participações e entrevistas:
Alberto Dines, Antonio Torres, Audálio Dantas, Caco Barcellos, Carlos Heitor Cony, Cicero Sandroni, Domingos Meirelles, Eliane Brum, Eric Nepomuceno, Fernando Morais, Fernando Portela, Flávio Tavares, Florestan Fernandes Jr., Heródoto Barbeiro, Ignácio de Loyola Brandão, Ignácio Ramonet, Jaguar, José Hamilton Ribeiro, José Néumane Pinto, Juca Kfouri, Luís Fernando Veríssimo, Manuel Carlos Chaparro, Mauro Santayana, Mino Carta, Moacir Japiassu, Moacyr Scliar, Mylton Severiano, Ricardo Kotscho, Ruy Castro, Ziraldo e Zuenir Ventura.
Consulte a programação completa no site: www.jornalistaescritor.org

Fonte: *O Estado de S.Paulo*, 12 nov. 2007.

Os textos aqui apresentados evidenciam, da parte do produtor, a não-explicitação das relações de sentido por meio de conectores entre os enunciados, deixando essa incumbência a cargo do leitor. Para que isso aconteça satisfatoriamente, o produtor espera que o leitor siga as orientações dadas para a construção da coerência.

No caso do **texto 1**, a pista principal reside na expressão "depois do carnaval" reiterada nos enunciados apresentados como uma "coleção" de textos publicados em jornais antes do carnaval, conforme demonstram a data das notícias e a data de publicação do texto do autor. Uma outra orientação que deve ser considerada no plano da coerência é que todos os enunciados selecionados constituem promessas para quando o carnaval acabar.

Em se tratando do **texto 2**, o autor apresenta uma relação de palavras e expressões cuja seleção possibilita associação a fatos que viraram notícia no período da ditadura, no movimento pró-democracia, no período democrático, na atualidade da política brasileira. Esse contexto cuidadosamente construído encontra reforço na chamada "1º Salão Nacional do Jornalista Escritor", reforçando a hipótese de que a coerência do texto depende daquela associação proposta e da inscrição das palavras e expressões selecionadas no universo jornalístico, além de outros conhecimentos.

- **a coerência depende também, em parte, do uso da língua socialmente instituído**, como o exemplificado na charge a seguir, ao chamar atenção para perguntas que, do ponto de vista pragmático, funcionam como forma de cumprimento, não devendo, pois, serem levadas ao pé da letra. Assim é que, se alguém nos dirigir o enunciado "como vai", sabemos que, como resposta, não devemos desfiar um rosário de desgraças. Também, ao respondermos "tudo bem", não é esperado que o leitor questione por que, como vemos na charge, já que o intuito dela é a ruptura, o inusitado.

Fonte: *Folha de S.Paulo*, 29 mar. 2007.

- **a construção da coerência demanda conhecimento constituído em certas culturas e épocas quanto a formas de comportamento**, como revelado na charge a seguir em que a produtora propõe que o enunciado "te ligo" seja interpretado, no quadro das relações amorosas entre homem e mulher, como um indício de falta de interesse, de não-envolvimento.

Fonte: *Folha de S.Paulo*, 30 ago. 2007.

- **a coerência pressupõe a manutenção temática, embora, em certos casos, dependendo da intenção do autor ou do gênero textual, a fuga ao tema seja utilizada como estratégia mesma de coerência**. Na tirinha a seguir, a fuga ao tema se justifica pelo propósito de provocar o riso, o que é esperado nessa prática comunicativa:

Fonte: *O Estado de S.Paulo*, 10 mar. 2004.

Coerência e distribuição da informação no texto: o explícito e o implícito

Entre os diversos princípios que orientam a construção de um texto, está o da **informatividade**, o qual determina que todo texto deve conter, necessariamente, **informações dadas** (já conhecidas) e **informações novas**, além daquelas que podem ser inferidas do contexto sociocognitivo. Isso porque um texto só com informações novas seria impossível de compreender (já que todo conhecimento novo tem de ser construído com base em outro anterior, já dado), e um texto só com informações dadas seria circular, redundante e, portanto, inócuo.

Em outras palavras: em se tratando dos objetos dos quais o texto fala, a **informação nova** é constituída por aqueles que ainda são desconhecidos do leitor/ouvinte, ou seja, que não apareceram antes no texto, nem estão presentes na situação comunicativa, nem registrados na sua memória discursiva. A **informação dada**, por sua vez, é que vai constituir o suporte sobre o qual vão recair as predicações (aportes) trazidas pelo enunciado em curso ou também pelos que a ele se seguem.

A continuidade de um texto resulta, portanto, de um equilíbrio variável entre duas exigências fundamentais: **repetição (retroação)** e **progressão**. Remete-se a algo que já está gravado na memória do interlocutor e acrescentam-se as informações novas, que, por sua vez, passarão também a constituir suportes para outras informações.

Quando se quer retomar uma informação dada anteriormente no texto, usam-se os mecanismos de remissão ou referência textual. É a isso que se denomina *anáfora*. Pela repetição constante de tais mecanismos, formam-se, então, no texto as *cadeias coesivas*, que têm papel importante na organização textual e na produção do sentido pretendido pelo produtor do texto (ver o **capítulo 6**).

Por outro lado, as relações entre a **informação explícita** no texto e a **informação inferível** (aqueles conhecimentos que o produtor do texto pressupõe como compartilhados com seu interlocutor, acreditando, pois, que consiga acessá-los sem grande dificuldade) estabelecem-se por meio de estratégias de "sinalização textual". Por intermédio delas, o locutor, ao processar o texto, procura levar o interlocutor a recorrer aos seus conhecimentos (textuais, situacionais, culturais e enciclopédicos) e, desse modo, ativar, por meio de inferências, os conhecimentos necessários à construção do sentido.

Explica-se, assim, a metáfora de que o texto é como um *iceberg*: ele apresenta uma pequena superfície à tona d'água (os elementos linguísticos que compõem sua materialidade) e uma imensa superfície subjacente (todos os conhecimentos que necessitam ser ativados para a produção de um sentido). Quanto maior a bagagem de conhecimentos de que o leitor/ouvinte dispuser, mais facilidade ele terá de chegar às profundezas do *iceberg*, para delas extrair os elementos que lhe vão facultar a produção de um sentido adequado para o texto que ouve ou lê.

Ou seja, o produtor do texto pressupõe certos conhecimentos por parte do leitor/ouvinte, de modo que, obedecendo ao *princípio da economia*, não explicita as informações que considera desnecessárias ou redundantes. Esse princípio, contudo, deve ser coordenado com o *princípio da explicitude*, ou seja, é preciso saber decidir quais significados necessitam ser explicitados para que o texto possa ser compreendido.

Verifica-se, assim, que a **legibilidade do texto** vai depender, em grande parte, do uso equilibrado que o produtor do texto consegue fazer entre informação dada e informação nova. Em outras palavras: visto que é impossível haver textos totalmente explícitos, o escritor competente deve ter a habilidade de realizar adequadamente o "balanceamento" daquilo que não pode deixar de ser dito e do que pode (ou deve) permanecer implícito, por ser recuperável via inferenciação (Nystrand & Wiemelt, 1991; Marcuschi, 1994).

O leitor/ouvinte, por seu lado, guiado pelo *princípio cooperativo* (Grice, 1975), espera sempre um texto dotado de sentido. Por isso, vai procurar, a partir da informação expressa no texto e do apelo aos seus conhecimentos prévios, construir uma representação mental coerente. Para tanto, tem de proceder à ativação dos conhecimentos de mundo necessários à compreensão e/ou fazer deduções capazes de levá-lo a estabelecer as relações de sentido implicitadas no texto (causalidade, temporalidade, etc.). Dessa forma, ele põe em funcionamento todos os recursos e estratégias cognitivas que tem à disposição para dar uma interpretação ao texto.

Como vemos, portanto, a produção de linguagem, quer em termos de produção, quer em termos de recepção, vai depender de uma constante interação produtor – texto – ouvinte/leitor, interação essa que exige dos interlocutores a antecipação e coordenação recíprocas, em dado contexto, de conhecimentos e estratégias sociocognitivas e interacionais.

Recursos de economia e elegância na construção textual

Quando escrevemos um texto, devemos nos preocupar não apenas com o desenvolvimento do tema (organização tópica), com os meios de assegurar a boa sequenciação dos referentes (progressão referencial) e dos enunciados (articulação textual), com as pistas que devemos dar ao leitor para que possa detectar os implícitos indispensáveis para a construção dos sentidos. Devemos nos esforçar para obter um texto econômico e elegante.

Um texto não deve dizer nem demais, nem de menos: no primeiro caso, ele se torna arrastado e pouco instigante; no segundo, pode tornar-se pesado e de difícil compreensão, caso o leitor não tenha os conhecimentos – e a paciência – necessários para suprir as lacunas.

Assim, é preciso um especial cuidado na seleção das palavras-chave, ou seja, aquelas que vão formar a "espinha dorsal" do texto, orientando o leitor em sua tentativa de construção do sentido: seleção lexical adequada, não só ao conteúdo, mas também ao gênero e à situação comunicativa, levando em conta o leitor (o que deve ser feito, aliás, no texto como um todo).

É claro que a imagem que temos de nosso leitor nem sempre confere: algumas vezes, ele pode nos considerar prolixos, achando que falamos demais, sem necessidade; outras, pode considerar o texto hermético, escrito apenas para especialistas. Mas, se conseguirmos atingir a maioria, já devemos nos dar por felizes.

Para tanto, é preciso evitar excessos de repetições de palavras e de informações que possam facilmente ficar subentendidas, deixando-nos guiar pelo *princípio da economia*. A releitura atenta do texto nos permitirá detectar os elementos que devem ser substituídos ou, simplesmente, suprimidos na versão final.

A elegância não diz respeito, como frequentemente se pensa, ao uso de torneios ou termos complicados, cujo sentido às vezes nem conhecemos bem. Há recursos na língua que podem nos auxiliar na tarefa de construir um texto mais elegante.

Por exemplo, o recurso a uma expressão nominal pode nos ajudar nessa tarefa, evitando o uso de frases inteiras. É o que acontece, como vimos no **capítulo 6**, nos casos de explicação de termos por meio de sinonímia e hiperonímia, bem como na definição de termos que se pressupõe desconhecidos do leitor.

A retomada de um antecedente pode efetuar-se por meio de expressões sinônimas ou 'quase-sinônimas' (parassinonímia). A seleção lexical de um sinônimo adequado para operar a remissão é, frequentemente, determinada pelo gênero textual e/ou pela variedade de língua utilizada, podendo ainda constituir uma opção estilística do produtor.

Lembrando um exemplo bastante difundido: em se tratando de um instrumento jurídico, seria difícil encontrar, em lugar do termo *domicílio*, uma palavra como *lar, casa, moradia*, que, no entanto, constituiriam ocorrências normais tanto em gêneros coloquiais, como em muitos outros, em que *domicílio* pareceria inadequado; no caso de um contrato de compra e venda, por sua vez, o termo privilegiado é o hiperônimo *imóvel*. Em um contrato de locação, a designação da parte que vai habitar o imóvel é o *locatário* e não *inquilino* ou *morador*, termos esses que seriam comuns numa ata de reunião de condomínio, por exemplo.

Termos como *casa, residência, moradia, mansão, palacete, tapera, mansarda, biboca, barraco, apartamento*, etc., embora todos designem 'lugar onde se mora', não entram nos mesmos contextos e produzem efeitos de sentido diversos; retomar, no texto, o agente de uma ação delituosa por palavras como *suspeito, criminoso, acusado, réu, elemento, facínora, meliante, marginal, crápula, tarado, monstro*, etc. tem suas implicações não só na identificação do próprio gênero, como também na construção mesma do sentido do texto em que se inserem. O mesmo se pode dizer, ainda, de séries como *morte, óbito, falecimento, passamento, desencarne*, etc., a par de muitas outras.

Ou seja, a seleção de um sinônimo está ligada a questões de gênero e de contexto. Note-se que, no gênero divulgação científica, é comum encontrar-se um termo técnico retomado anaforicamente por uma palavra ou expressão sinônima de senso comum, que vai funcionar como anáfora definitória, como se pode ver no exemplo a seguir:

> **Os bugios** não precisam de muito espaço e se alimentam de quase tudo que existe na mata: folhas, brotos de árvores, frutinhas. O inverno, porém, é a estação de fartura para estes **símios** e outros animais da floresta, pela abundância de pinhões.
> Os bugios, aliás, parecem a todo instante comprovar as teorias de Charles Darwin. Nada mais parecido com um lutador de luta livre do que um desses **macacos** batendo no peito e roncando para amedrontar o adversário. Humana também parece ser a preocupação do macho em colocar nas costas o filhote ameaçado pelo gavião ou auxiliá-lo a saltar de uma árvore.

Fonte: *Zero Hora*, 17 maio 1992.

Assim, quando a palavra utilizada para introduzir um referente é de pouco uso ou muito específica de determinado gênero, podemos auxiliar o leitor substituindo esse termo, quando da retomada, por um sinônimo mais comum ou por um hiperônimo (termo de sentido mais amplo, que engloba o termo mais específico); ou, ainda, apresentar, na própria retomada, uma definição ou um esclarecimento, como ocorre no exemplo a seguir:

> Os réus condenados pela Inquisição eram jogados em masmorras, onde acabavam vindo a morrer. Quem entrasse n**uma dessas prisões subterrâneas, geladas, sem ar e sem luz** tinha pouquíssimas chances de sobrevivência.

Por esse procedimento, é possível até mesmo auxiliar o leitor no aprendizado de termos novos, recorrendo ao **procedimento inverso**: apresenta-se a definição ou explicação de alguma coisa e, na retomada, apresenta-se o seu nome. Vejamos os exemplos:

> Os inconfidentes haviam marcado a eclosão da revolta para o dia marcado pela metrópole para a cobrança dos impostos atrasados. **A derrama** apavorava os habitantes das Gerais, muitos dos quais não tinham como pagar as dívidas com a Coroa de Portugal.

> Naquela época, dançava-se nas festas uma dança de andamento moderado e caráter pomposo, originária da Polônia. **A polaca** era muito apreciada nos salões da nobreza.

Sintetizando: a elaboração de um texto consiste em um trabalho artesanal, extremamente delicado, que exige de nós muita paciência e cuidado. Entretecer os fios com amor e habilidade, refletir sobre cada escolha e combinação a serem feitas, ter sempre em mente aqueles a quem o texto se destina, procurando, por meio de pistas linguísticas e extralinguísticas, orientá-los para a construção de um sentido – UM e não O – compatível com a proposta de sentido que lhes estamos apresentando; enfim, oferecer-lhe os meios necessários para, ao final, atribuir coerência ao texto lido.

Coerência e ensino

Neste capítulo, vimos que, desde cedo, aprendemos a produzir textos coerentes (inicialmente orais, depois escritos), levando em conta que a coerência não está apenas contida no texto, nem se encontra sob a responsabilidade apenas do produtor do texto, por um lado, nem apenas do leitor, por outro lado, mas se constrói na inter-relação autor-texto-leitor, com base em um conjunto de fatores de ordem linguística, cognitiva, pragmática, cultural e interacional. O que isso significa em termos práticos? Tomemos como exemplo o texto a seguir:

> "Meu querido João Marcelo –
> 'O Senhor dos Anéis'
> Adorei o anel de Rubi que você me deu. É lindo!
> Muito obrigada, meu amado sobrinho. Se Deus quiser você há de ser sempre assim: bom, bonito e amoroso.
> Um beijo bem grande e carinhoso da
> tia Elza
> Iaçururu, 18 de julho de 03"

Fonte: Elza Yunes Elias.

    Quem produziu o texto (tia Elza) o fez para alguém (o sobrinho João Marcelo), e com um certo objetivo (agradecer um presente recebido). Em seu "projeto de dizer", selecionou o gênero textual "cartão", certamente, baseada em "modelos" que possui sobre práticas comunicativas (no caso em destaque, o objetivo da escrita poderia também ser configurado textualmente sob a forma de carta ou telefonema, dentre outras).

    Definido o gênero textual e seus elementos constitutivos (ver **capítulo 3**), tem-se:

- no plano da composição: a especificação do destinatário, a mensagem propriamente dita, a saudação final, assinatura, data, a distribuição desses elementos no espaço determinado pelo suporte (pequeno pedaço de papel retangular com gramatura diferente da simples folha de papel);
- no plano do conteúdo: a mensagem de agradecimento;
- no plano do estilo: texto breve e muito informal devido ao histórico interacional existente entre os interlocutores, aspecto importante para o produtor definir o que deve ser explicitado, porque se constitui como informação nova e, portanto, desconhecida para o leitor; e o que não precisa ser explicitado, porque se trata de informação compartilhada por ambos.

Além disso, o produtor chama a atenção do leitor para o intertexto (ver **capítulo 5**) que constrói, ao marcá-lo com o uso das aspas ("O Senhor dos Anéis"). Ainda, é preciso ressaltar que todo esse conhecimento ativado na e para a produção do cartão é constitutivo do contexto, entendido em sua acepção sociocognitiva, conforme estudado no **capítulo 4**, e contribui para a construção da coerência.

Por fim, todas as observações feitas reforçam o que postulamos no **capítulo 2**: a escrita é uma atividade que se realiza interacionalmente. Embora na produção escrita, diferentemente da fala, não coincidam os contextos de produção e de recepção (ver **capítulo 1**), o leitor é parte constitutiva da produção escrita, pois, em nossa perspectiva, mais do que escrever **para** o leitor, se escreve **com** o leitor, já que este "interfere" em escolhas a serem feitas pelo produtor: do gênero textual ao modo de constituição do dizer, passando pelo "balanceamento" de informações a serem dadas e o que é pressuposto como conhecimento compartilhado entre ambos, como comentado.

Voltando ao nosso começo de conversa, construímos, como escritores e como leitores, a coerência do texto, um conceito que não reside no texto, nem separadamente nos sujeitos envolvidos no processo (escritor e leitor), mas, sim, nessa relação triádica, conforme postulado ao longo deste livro. Isso significa dizer que o produtor, em interação com o leitor no ato da escrita, constrói, na materialidade linguística do texto, pistas que orientarão a **leitura e a produção do sentido**.

> Um tratamento mais específico do tema é feito na obra *Ler e compreender: os sentidos do texto* (Koch & Elias, 2006).

Como trabalhar a coerência no ensino da produção escrita? Bem, em sala de aula, os nossos alunos produzem textos e, se prestarmos bem atenção, nos dizem, à maneira deles, o que pontuamos ao longo desta obra: **a coerência precisa ser tratada para além do que o texto nos revela em sua materialidade linguística explicitamente constituída**.

O texto a seguir, produzido por uma criança de 10 anos, aponta para a necessidade de tratarmos a coerência no ensino da produção escrita em uma perspectiva que privilegie aspectos linguísticos, sociais, cognitivos e interacionais envolvidos nesse processso. Fiquemos, então, com a leitura do texto!

> Redação: Conversa de Louco!
>
> — Bom dia!
> — Bom dia!
> — Como vai?
> — Bem, obrigado. E você?
> — Bem, graças a Deus.
> — E a família? Tudo bem?
> — Só que! E a sua, tudo bem?
> — Claro.
> — Ei, você vai ao churrasco sábado?
> — Vou ver se consigo...
> — Tô te esperando lá, hein!
> — Vou ver, vou ver...
> — Você vai ao casamento da Lila com o Tião?
> — Quem é Lila?
> — É minha filha!
> — Filha?
> — É!
> — Qual é o seu nome?
> — Maurício!
> — Ei! Eu não te conheço!
>
> Fim

Fonte: João Marcelo da Silva Elias, 4ª série, Colégio Madre Alix.

Bibliografia

Adam, Jean-Michel. *A linguística textual*: introdução à análise textual dos discursos. São Paulo: Cortez, 2008.

Bakhtin, Michael. *Estética da criação verbal*. São Paulo: Martins Fontes, 1992 [1953].

Beaugrande, Robert de; Dressler, Wolfgang Ulrich. *Einführung in die Textlinguistik*. Tübingen: Niemeyer, 1981.

Barré-de-Miniac, Christine. Saber ler e escrever numa dada sociedade. In: Corrêa, Manoel; Boch, Françoise (orgs.). *Ensino de língua:* representação e letramento. Campinas: Mercado de Letras, 2006.

Bazerman, Charles. *Gênero, agência e escrita*. São Paulo: Cortez, 2006.

Beaugrande, Robert de. *New foundations for a science of text and discourse*: cognition, communication, and freedom of access to knowledge and society. Norwood, New Jersey: Ablex, 1997.

Benveniste, Émile. Da subjetividade na linguagem. *Problemas de linguística geral I.* Campinas: Pontes/Unicamp, 1988.

Blikstein, Isidoro. *Kaspar Hauser ou a fabricação da realidade*. São Paulo: Cultrix, 1985.

Calkins, Lucy McCormick. *A arte de ensinar a escrever:* o desenvolvimento do discurso escrito. Porto Alegre: Artes Médicas, 1989.

Camps, Anna. Texto, processo, contexto, atividade discursiva: diferentes pontos de vista sobre a atividade de aprender e de ensinar a escrever. In: Camps, A. et al. *Propostas didáticas para aprender a escrever*. Porto Alegre: Artmed, 2006.

Cavalcante, Mônica M.; Rodrigues, Bernardete B.; Ciulla, Alena. (orgs.). *Referenciação*. São Paulo: Contexto, 2003.

_____; Koch, Ingedore G. V. A acessibilidade de referentes no discurso. In: Cavalcante, Mônica M. et al. (orgs.). *Texto e discurso sob múltiplos olhares*: referenciação e outros domínios discursivos. Rio de Janeiro: Lucerna, 2007, v. 2, pp. 9-39.

Chacon, Lourenço. *O ritmo da escrita*: uma organização do heterogêneo da linguagem. São Paulo: Martins Fontes, 1998.

Charadeau, Patrick; Maingueneau, Dominique. *Dicionário de análise do discurso*. São Paulo: Contexto, 2004.

Charolles, Michel. Coherence as a principle of interpretability of discourse. *Text* 3, 1983, v. 1, pp. 71-98.

Chartier, Roger. *A aventura do livro do leitor ao navegador*. São Paulo: Unesp, 1998.

_____. *Cultura escrita, literatura e história*. Porto Alegre: Artmed, 2001.

_____. *Os desafios da escrita*. São Paulo: Unesp, 2002.

_____. *Formas e sentido cultura escrita:* entre distinção e apropriação. São Paulo: Mercado de Letras, 2003.

Correa, Jane; Spinillo, Alina; Leitão, Selma. *Desenvolvimento da linguagem*: escrita e textualidade. Rio de Janeiro: nau/ Faperj, 2001.

Dascal, Marcelo. *Interpretação e compreensão*. Trad. Márcia Heloisa Lima da Rocha. São Leopoldo: Unisinos, 2005.

Eisenstein, Elizabeth L. *A revolução da cultura impressa:* os primórdios da Europa Moderna. São Paulo: Ática, 1998.

Elias, Vanda M. S. Hipertexto, leitura e sentido. *Revista Calidoscópio*. São Leopoldo, Universidade do Vale do Rio dos Sinos – Unisinos, jan./abr., 2005, v. 3, n. 1, pp. 13-20.

_____. *Do hipertexto ao texto*: uma contribuição ao ensino de Língua Portuguesa a distância. São Paulo, 2000. Tese (Doutorado) – Pontifícia Universidade Católica, puc.

FÁVERO, Leonor L.; KOCH, Ingedore G. V. *Linguística textual*: introdução. São Paulo: Cortez, 1983.

FERREIRO, Emília; TEBEROSKY, Ana. *Psicogênese da língua escrita*. Porto Alegre: Artmed, 1999.

GRÉSILLON, Almuth; MAINGUENEAU, Dominique. Polyphonie, proverbe et détournement. *Langages* 73, 1984, pp. 112-125.

GRICE, H. P. Logic and conversation. In: COLE, P.; MORGAN, J. L. (orgs.). *Syntax and semantics 3:* speech acts. New York: Academic Press, 1975.

GUMPERZ, John J. Convenções de contextualização. In: RIBEIRO, Branca Telles; GARCEZ, Pedro M. (orgs.). *Sociolinguística interacional*. São Paulo: Loyola, 2002.

HALLIDAY, Michael A. K. *Spoken and written language*. Victoria: Deakin University, 1985.

KATO, Mary A. *No mundo da escrita*: uma perspectiva psicolinguística. São Paulo: Ática, 1987.

KERBRAT-ORECCHIONI, Catherine. Texte et contexte. In: SCOLA – *Sciences cognitives, linguistique & intelligence artificielle*, 1996, v. 1, pp. 40-59. (Número especial sobre *Contexte(s)*).

KOCH, Ingedore, G. V.; TRAVAGLIA, L. C. *Texto e coerência*. São Paulo: Cortez, 1989.

_____; _____. *A coerência textual*. São Paulo: Contexto, 1990.

_____. *A inter-ação pela linguagem*. São Paulo: Contexto, 1992.

_____. *O texto e a construção dos sentidos*. São Paulo: Contexto, 1997.

_____. A referenciação textual como estratégia cognitivo-interacional. In: BARROS, Kasue S. Monteiro (org.). *Produção textual*: interação, processamento, variação. Natal, EDUFURN, 1999, pp. 69-80.

_____. *Desvendando os segredos do texto*. São Paulo: Cortez, 2002.

_____. *Introdução à linguística textual*. São Paulo: Martins Fontes, 2004a.

_____. Sobre a seleção do núcleo das formas nominais anafóricas na progressão referencial. In: NEGRI, Ligia et al. (org.). *Sentido e significação*: em torno da obra de Rodolfo Ilari. São Paulo: Contexto, 2004b.

_____; CUNHA-LIMA, Maria Luiza. Do cognitivismo ao sociocognitivismo. In: MUSSALIM, Fernanda; BENTES, Anna Christina (orgs.). *Introdução à linguística*: fundamentos epistemológicos. São Paulo: Cortez, 2005, v. 3, pp. 251-300.

_____; MORATO, Edwiges Maria; BENTES, Anna Christina (orgs.). *Referenciação e discurso*. São Paulo: Contexto, 2005.

_____; ELIAS, Vanda Maria. *Ler e compreender*: os sentidos do texto. São Paulo: Contexto, 2006.

_____; BENTES, Anna Christina; CAVALCANTE, Mônica Magalhães. *Intertextualidade*: diálogos possíveis. São Paulo: Cortez, 2007.

LANDSMANN, Liliana Tolchinsky. *Aprendizagem da linguagem escrita*. Processos evolutivos e implicações didáticas. São Paulo: Ática, 2006.

MARCUSCHI, Luiz Antônio. *Linguística do texto: o que é como se faz*. Recife: UFPE, 1983. Série Debates I.

_____. *Análise da conversação*. São Paulo: Ática, 1986.

_____. *Estratégias de identificação referencial na fala*. s/n: 1994. (mimeo.).

_____. *Oralidade e escrita*. s/n: 1995. (mimeo.).

_____. *Da fala para a escrita*: atividades de retextualização. São Paulo: Cortez, 2001.

_____. Gêneros textuais: definição e funcionalidade. In: DIONÍSIO, Angela Paiva; MACHADO, Anna Raquel; BEZERRA, Maria Auxiliadora (orgs.). *Gêneros textuais & ensino*. Rio de Janeiro: Lucerna, 2002.

_____. Anáfora indireta: o barco textual e suas âncoras. In: KOCH, Ingedore G. V.; MORATO, Edwiges Maria; BENTES, Anna Christina (orgs.). *Referenciação e discurso*. São Paulo: Contexto, 2005, pp. 53-102.

_____. *Cognição, linguagem e práticas interacionais*. Rio de Janeiro: Lucerna, 2007.

_____. *Produção textual, análise de gêneros e compreensão*. São Paulo: Parábola, 2008.

MONDADA, Lorenza; DUBOIS, D. Construction des objets du discours et catégorisation: une approche des processus de référenciation. In: BERRENDONNER, A.; REICHLER-BÉGUELIN. *Du sintagme nominal aux objets-de-discours*. Neuchâtel: Université de Neuchâtel, 1995, pp. 273-305.

MORATO, Edwiges Maria; KOCH, Ingedore G. Villaça. Linguagem e cognição: os (des)encontros entre a Lingüística e as Ciências Cognitivas. *Cadernos de Estudos Linguísticos*. Campinas, Universidade Estadual de Campinas, jan./jun., 2003, v. 44, pp. 85-92.

NYSTRAND, Martin (ed.). *What writers know*: the language, process, and structure of written discourse. New York: Academic Press, 1982.

_____; WIEMELT, J. When is a text explicit? Formalist and dialogical conceptions. *Text*, 11, 1991, v. 11, pp. 25- 41.

PÉREZ, Francisco Carvajal; GARCIA, Joaquín Ramos (orgs.). *Ensinar ou aprender a ler e a escrever?* Aspectos teóricos do processo de construção significativa, funcional e compartilhada do código escrito. Porto Alegre: Artmed, 2001.

PRETI, Dino. Variação lexical e prestígio social das palavras. In: PRETI, Dino (org.). *Léxico na língua oral e escrita*. São Paulo: Humanitas, 2003, pp. 47-68. (Projetos Paralelos NURC/SP, v. 6).

REIS, José Esteves. Práticas escolares atuais de produção de textos e seus agentes. Estudo de opinião sobre a escrita no final do Ensino Secundário. In: CASTRO, Rui Vieira; SOUSA, Maria de Lourdes (orgs.). *Linguística e educação:* atas do Encontro da Associação Portuguesa de Linguística. Lisboa: Colibri; Associação Portuguesa de Linguística, 1998.

RUIZ, Eliana. *Como se corrige redação na escola*. Campinas: Mercado de Letras, 2001.

SALOMÃO, Maria Margarida M. A questão da construção do sentido e a revisão da agenda dos estudos de linguagem. *Veredas – Revista de Estudos Linguísticos*, Juiz de Fora, Universidade Federal de Juiz de Fora, 1999, v. 4, n. 1, pp. 61-79.

SAUTCHUK, Inez. *A produção dialógica do texto escrito*. São Paulo: Martins Fontes, 2003.

SCHNEUWLY, Bernard. Genres e types de discours: considerations psychologiques et ontogénétiques. In: REUTER (ed.). *Actes du Colloque de l'Université Charles De Gaulle III*. Les Interacions Lecture-écriture. Neuchâtel: Peter Lang, 1994.

SCHNEUWLY, Bernard; DOLZ, Joaquim. *Os gêneros escolares*: das práticas de leitura aos objetos de ensino. Trad. Roxane Roxo. Universidade de Genebra, s./d. (mimeo).

SCHWARZ, Monika. *Indirekte anaphern in texten*. Tübingen: Niemeyer, 2000.

SCHWARZ-FRIESEL, Monika; CONSTEN, Manfred; KNEES, Mareile (eds.). *Anaphors in text:* cognitive, formal and applied approaches to anaphoric reference. Studies in Language Companion, Series 86, John Benjamins Publishing Company, 2007.

TORRANCE, Mark; GALBRAITH, David (eds.). *Knowing what to write*: conceptual processes in text production. Amsterdam: Amsterdam University Press, 1999.

VAL, Maria da Graça Costa. Repensando a textualidade. In: AZEREDO, José Carlos (org.). *Língua portuguesa em debate*: conhecimento e ensino. Petrópolis: Vozes, 2000, pp. 34-51.

VAN DIJK, Teun A. *Text and context*. London: Longman, 1977.

_____. *La ciencia del texto*. Barcelona/Buenos Aires: Paidós Comunicación, 1983.

_____. *News as discourse*. Hillsdale: Erlbaum, 1988a.

_____. News analysis. *Case studies of international and national news in the press*. Hillsdale: Erlbaum, 1988b.

_____. *Cognição, discurso e interação*. São Paulo: Contexto, 1992.

WEINRICH, Harald. *Tempus:* besprochene and erzählte welt. Stuttgart: Klett, 1964. (Esta obra teve uma 2ª edição modificada em 1971 e outra em 1973.)

CADASTRE-SE
EM NOSSO SITE,
FIQUE POR DENTRO DAS NOVIDADES
E APROVEITE OS MELHORES DESCONTOS

LIVROS NAS ÁREAS DE:

História | Língua Portuguesa
Educação | Geografia | Comunicação
Relações Internacionais | Ciências Sociais
Formação de professor | Interesse geral

Siga a Contexto
nas Redes Sociais:
@editoracontexto

ou
editoracontexto.com.br/newscontexto

GRÁFICA PAYM
Tel. [11] 4392-3344
paym@graficapaym.com.br